(NOVA) ORTOGRAFIA DA LÍNGUA PORTUGUESA
Guia Prático

DOMÍCIO PROENÇA FILHO

(NOVA) ORTOGRAFIA DA LÍNGUA PORTUGUESA
Guia Prático

SEGUNDO O ACORDO ORTOGRÁFICO DE 1990
EM VIGOR A PARTIR DE 1º DE JANEIRO DE 2009

Com a colaboração de
Rejane Maria Leal Godoy

EDITORA RECORD
RIO DE JANEIRO • SÃO PAULO

2009

CIP-BRASIL. CATALOGAÇÃO-NA-FONTE
SINDICATO NACIONAL DOS EDITORES DE LIVROS, RJ

P957g

    Proença Filho, Domício, 1936-
        Guia prático da ortografia da língua portuguesa/Domício Proença Filho. – Rio de Janeiro: Record, 2009.
        Inclui bibliografia
        ISBN 978-85-01-08624-2

        1. Língua portuguesa – Ortografia e soletração. 2. Reforma ortográfica. I. Título.

09-0109   CDD: 469.152
                                       CDU: 811.134.3'35

Copyright © Domício Proença Filho, 2009

Diagramação de miolo: ô de casa
Capa: Estúdio Insólito

Todos os direitos reservados. Proibida a reprodução, armazenamento ou transmissão de partes deste livro, através de quaisquer meios, sem prévia autorização por escrito.

Direitos exclusivos desta edição reservados pela
EDITORA RECORD LTDA.
Rua Argentina, 171 – 20921-380 – Rio de Janeiro, RJ – Tel.: 2585-2000

Impresso no Brasil

ISBN: 978-85-01-08624-2
PEDIDOS PELO REEMBOLSO POSTAL
Caixa Postal 23.052 – Rio de Janeiro, RJ – 20922-970

Impresso no Brasil

2009

Para Domício Jr. e Adriano.
E para Flavinho.

Agradecimentos especiais

A Sérgio França, incentivador e mobilizador; ao lexicólogo Mauro de Salles Villar, por sua contribuição na solução de impasses vinculados ao problemático emprego do hífen; a Evanildo Bechara, amigo-irmão e companheiro de preocupações filológicas, pela troca permanente de ideias e de soluções, nesses espaços de navegação nem sempre tranquila.

SUMÁRIO

APRESENTAÇÃO   11

I. CONCEITOS OPERACIONAIS   13

Ortografia, **15**; fonologia e fonética, **15**; fonema, **15**; sílaba, **16**; vogal, **17**; consoante, **17**; semivogal, **17**; estrutura da sílaba, **17**; ditongo, **18**; tritongo, **18**; hiato, **18**; encontro consonântico, **19**; vocábulo e palavra, **19**; pronúncia culta, **19**; letra, **19**; grafema, **20**; dígrafo ou digrama, **20**; alfabeto, **20**; acento tônico, acento gráfico, **20**; morfema, **21**; radical, **21**; prefixo, **21**; falso prefixo ou pseudoprefixo, **22**; sufixo, **22**; vocábulos rizotônicos e arrizotônicos, **22**; etimologia, **22**; ortografia e normas, **22**

II. NO RUMO DOS ACORDOS   25

Primórdios, **27**; O primeiro acordo luso-brasileiro, **27**; O segundo acordo, **28**; "Instruções", vocabulários, divergências, **28**; Breves mudanças, em 1971, no Brasil, em 1973, em Portugal, **28**; Novas tentativas de simplificação, **29**; O novo Acordo Ortográfico, **30**

III. O ACORDO ORTOGRÁFICO DA LÍNGUA PORTUGUESA – 1990   33

IV. REGRAS ORTOGRÁFICAS   37
(Destacadas as alterações em relação aos acordos anteriores)

O ALFABETO   39

USO DAS LETRAS   40

Vogais, 40; uso de e e não i, **40**; uso de i e não e, **43**; uso do o e do u, **50**; vogais nasais, **52**; ditongos, **53**. **Consoantes, 54**; uso de k, w, y, **55**; a letra h, **64**; a letra j, **68**; a letra g, **70**; a letra c, **72;** a letra s, **75;** a letra x, **83;** o dígrafo ch, **86;** a letra z, **88;** sequências de consoantes, **97. Letras maiúsculas e minúsculas, 102**

USO DOS SINAIS CONVENCIONAIS — 110

***Regras de acentuação gráfica*, 111;** uso dos acentos agudo e circunflexo, **111;** uso do acento grave, **132;** uso do trema, **137;** resumo das regras de acentuação gráfica, **137. Uso do hífen, 142;** em palavras compostas, **143;** nas locuções, **153;** na indicação de encadeamentos vocabulares, **158;** em palavras derivadas por prefixação e recomposição, **158;** em palavras derivadas por sufixação, **168;** na união de pronomes átonos com formas verbais, **169;** divisão silábica, **171;** Resumo das regras de emprego do hífen, **173. O apóstrofo, 179**

ASSINATURAS E FIRMAS — 182

V. SÍNTESE DAS ALTERAÇÕES NA ORTOGRAFIA DECORRENTES DO AOLP (O QUE MUDOU) — 183

TEXTO OFICIAL DO ACORDO ORTOGRÁFICO DA LÍNGUA PORTUGUESA — 1990 — 189

NOTA EXPLICATIVA DO ACORDO ORTOGRÁFICO DA LÍNGUA PORTUGUESA — 1990 — 229

BIBLIOGRAFIA — 249

Apresentação

Prezado leitor:

O objetivo deste guia é apresentar, de forma prática e didática, acompanhados de ampla relação de exemplos, os princípios norteadores da ortografia decorrentes do ACORDO ORTOGRÁFICO DA LÍNGUA PORTUGUESA, aprovado pelos países soberanos que integram a comunidade lusófona e oficializado no Brasil em 29 de outubro de 2008, com vigência a partir de 1º de janeiro de 2009.

O livro envolve, por consequência, o que mudou e o que foi mantido e avalizado em relação aos critérios anteriormente adotados.

Nele você encontrará, inicialmente, a explicitação de alguns conceitos operacionais básicos, vinculados à terminologia da área.

Segue-se um breve resumo das muitas tentativas de simplificação e de unificação ortográfica da língua portuguesa.

Em função do que se configura no documento regulador, são apresentadas, de forma sistemática e ordenada, destacado o uso brasileiro, regras práticas relacionadas com o emprego de certas letras; com a divisão silábica; com a acentuação gráfica; com o emprego do hífen e do apóstrofo; com assinaturas e designações de firmas.

As observações e lembretes que pontuam o texto decorrem, em sua maioria, das inúmeras solicitações de esclarecimentos encaminhadas ao autor, especialmente em seminários relacionados com a matéria. Vem, na sequência, um resumo das alterações da ortografia preconizadas pela nova regulamentação.

Fecham o livro a transcrição do texto oficial do Acordo, acompanhado da Nota Explicativa a ele referente e a bibliografia utilizada.

Para a complementação que se fizer necessária, podem ser consultados os dicionários de reconhecida representatividade e, sobretudo, o *Vocabulário Ortográfico da Academia Brasileira de Letras*, em edições atualizadas.

Este guia, como é próprio das obras do gênero, não abriga a pretensão da completude e apresenta, consequentemente, involuntárias lacunas e imprecisões. Abre-se, por isso mesmo, à sua crítica construtiva e às sugestões que, antecipadamente, agradeço. Espero que lhe seja de leitura prazerosa e de alguma utilidade.

Domício Proença Filho

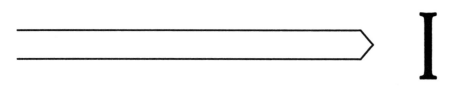

CONCEITOS OPERACIONAIS

Ortografia

A língua escrita leva a nossa atenção a concentrar-se, entre outros aspectos, nas letras e na acentuação gráfica, objetos de estudo da ortografia.

O termo vem do grego *orthographia*, palavra formada de *orthós*, "correto", "direito" e *grafia*, do verbo *graphein*, "escrever". No percurso até o português, passou pelo termo latino também escrito *orthographia*. Na origem, portanto, o termo correspondia à escrita correta das letras.

O significado original, como se evidencia, basicamente permaneceu: a ortografia abrange o conjunto de normas reguladoras da representação gráfica das palavras.

Fonologia e fonética

Ambas tratam do aspecto fônico da língua.

A fonologia tem por objeto o estudo dos fonemas.

A fonética centraliza-se no estudo da língua em todas as suas variantes de emissão, individuais, socioculturais ou regionais, vale dizer: da configuração acústica e fisiológica dos sons reais e concretos dos atos linguísticos.

Fonema

Por fonemas entendem-se os sons elementares, de caráter regular e fixo, que possibilitam a distinção entre as palavras, decorrente do valor opositivo que os caracteriza no sistema fônico da língua. A comparação de vocábulos como **cala, fala, gala, mala,** ou **bala, bela, bola, bula** deixa perceber essas características configuradoras.

Sílaba

A emissão das palavras passa ao falante e ao ouvinte a impressão de que os fonemas ou grupos de fonemas de que se constituem são pronunciados num só conjunto: *bala*, por exemplo, divide-se em dois conjuntos de fonemas: *ba-* e *-la*; *fonema*, em três: *fo-*, *ne-* e *-ma*. Algumas palavras se constituem de um único fonema ou de um único conjunto: *é, só, se, vai, fé, céu, réis*, por exemplo.

Sílaba é cada uma das partes dos vocábulos caracterizada por essa impressão auditiva de unidade de som. Corresponde, portanto, ao fonema ou ao conjunto de fonemas proferidos numa só emissão de voz.

Em função do número de sílabas, os vocábulos da nossa língua podem ser:

- monossílabos (uma sílaba): *só, do, ao, um*;
- dissílabos (duas sílabas): *fa-la, ba-la, ca-la*;
- trissílabos (três sílabas): *rá-pi-do, sín-te-se, ó-ti-mo*;
- polissílabos (mais de três sílabas): *a-ma-re-mos, fe-li-ci-da-de, in-cons-ti-tu-ci-o-nal, di-fí-cil-men-te, Pa-ra-na-pa-ne-ma, pa-ra-na-pa-ne-men-se*.

Sílaba tônica

É a sílaba sobre a qual **incide** a maior força da voz: ***só***, ***fa**-la*, ***rá**-pi-do*, *a-ma-**re**-mos*.

Sílabas átonas e subtônicas

Átona é a sílaba em que **não incide** a maior força da voz: *ba-**la**, sín-**te-se**, **ó**-ti-mo, A-mé-**ri-ca***.

As subtônicas caracterizam-se pela incidência da força da voz mais forte em relação às átonas e mais fraca em relação às tônicas: *fe-**li**-ci-da-de, in-cons-ti-**tu**-ci-o-nal, di-**fi**-cil-men-te*.

A sílaba envolve vogais, consoantes e semivogais.

Vogal

A vogal é o fonema nuclear da sílaba, a sua base, sua parte mais soante; corresponde a *sons musicais* caracterizados, em termos de condições acústicas, por vibrações periódicas perfeitamente perceptíveis:* *rá-pi-do; fa-la; fe-li-ci-da-de.*

Consoante

A consoante é o fonema constitutivo da sílaba que, na nossa língua, soa em companhia de uma vogal. Corresponde a *ruídos puros*, sem vibrações regulares (surda) associados a sons musicais laríngeos (sonora):** *sín-te-se; be-la; A-mé-ri-ca.*

Semivogal

O termo nomeia os fonemas /u/ e /i/, orais ou nasais, quando soam, numa mesma sílaba, apoiados numa vogal: *áurea, auto, véu, viu, sou, vai, meia, oito, fui, quase, equestre, tranquilo, vão, vítreo, rói, pão, mãe, cãibra, leões, muito, enquanto, quinquênio*. Observe que a semivogal pode ser representada pelas letras *i, u, e, o*.

Estrutura da sílaba

A sílaba pode ser constituída, entre outras possibilidades:

a) por uma única vogal: *a-manhã;*
b) por vogal e consoante: *ca-sa, lá;*
c) por vogal e semivogal: *au-to, ou-ro, maci-ei-ra, oi-to;*
d) por consoante, vogal e semivogal: *vai, a-mei, vão;*
e) por consoante, semivogal, vogal e semivogal: Uru-**guai**, averi-**guei**, sa-**guão**;
f) por consoante, semivogal, vogal, semivogal e consoante: apazi-**guais**.

---

*Cf. Bechara, E. *Moderna gramática portuguesa*. 37. ed. rev. e ampl. Rio de Janeiro: Lucerna, 1999. p. 60.
**Id., ibid., p. 60.

Ditongo

É o encontro de vogal e semivogal na mesma sílaba: *debaixo, mau, feito, ideia, escreveu, réu, sorriu, apoio, herói, sou, gratuito, pão, pães, cãibra, irmão, leões, muito, água, equestre, lingueta, tranquilo, quórum, quanto, aguentar, frequência, quinquênio.*

○ *LEMBRETES*

✦ O *n*, presente em alguns desses exemplos, é sinal de nasalidade;
✦ O ditongo nasal pode ser representado por vogal acompanhada de *m* ou *n: foram, bem, deténs, reféns.*

Se a vogal vem antes da semivogal, **o ditongo é decrescente:** *debaixo, mau, feito, ideia, escreveu, réu, sorriu, apoio, herói, sou, gratuito, pão, pães, cãibra, irmão, ontem, leões, muito.*

Se a vogal vem depois da semivogal, **o ditongo é crescente:** *igual, equestre, lingueta, tranquilo, quórum, quanto, aguentar, frequência, quinquênio.*

Os ditongos, como se depreende dos exemplos, podem ser orais ou nasais.

Tritongo

É o encontro de semivogal, vogal e semivogal na mesma sílaba. Os tritongos também podem ser orais ou nasais. Exemplos: *Uruguai, averiguei, averiguou, delinquiu, saguão, saguões, mínguem.*

Hiato

É o encontro de duas vogais, cada uma pertencente a uma sílaba do vocábulo: *Itaja-í, sa-í-da, Gra-ja-ú, sa-ú-de.*

Encontro consonântico

É, como indica a designação, a presença, no vocábulo, de consoantes agrupadas.

Há grupos inseparáveis: são os que se formam de consoante + /l/ ou /r/: *plano, prato, blusa, Brasil, atleta, dentro, claro, cruz, glicose, grande, inflável, francês, nevralgia.*

Há grupos disjuntos: são aqueles em que o segundo elemento não é nem /l/ nem /r/ e em que cada consoante, quando o encontro não está no começo do vocábulo, pertence a sílabas diferentes: *abdicar, advento, afta, aspecto, apto, Magda, erupção, ficção, hemoptise, pacto, peremptório, ritmo.* Exemplos de grupo no começo de vocábulos: *Stela, psicose, pneumático.*

Existem também encontros de três e de quatro consoantes: *altruísta, astrologia, abstrato.*

Vocábulo e palavra

Em termos elementares, entende-se por vocábulo a palavra considerada em sua configuração fônica, ou seja, em função dos fonemas, das sílabas, da acentuação tônica que a caracterizam. Palavra é o vocábulo considerado em sua significação, em função do sentido de que se reveste. Envolve, portanto, aspectos fônicos e aspectos semânticos. No uso comum, os termos funcionam como sinônimos.

Pronúncia culta

É a pronúncia própria da variante sociocultural do idioma prestigiada como exemplar pela comunidade. Integra o registro ou uso formal da língua.

Letra

Letra é um sinal gráfico que representa um fonema.

Grafema

A letra é também conhecida como grafema.

Dígrafo ou digrama

Constitui a representação de um fonema pela combinação de letras: *rr* (erre duplo), *ss* (esse duplo), *ch* (cê-agá), *lh* (ele-agá), *nh* (ene-agá), *gu* (guê-u) e *qu* (quê-u).

Alfabeto

É reunião de letras. É também conhecido como abecedário ou abecê.

Acento tônico, acento gráfico

Chama-se acento tônico o lugar do vocábulo em que, na pronúncia, incide a maior força da voz.

O acento gráfico é um sinal usado para indicar, em algumas palavras:

a) o lugar do acento tônico e diferenças de timbre (aberto ou fechado) e de número em certas formas verbais (acentos agudo e circunflexo): av**ô**, av**ó**, ca**fé**, ningu**ém**, det**êm**;

b) a crase de dois **as** (acento grave): Vou **à** luta.

Em função do acento tônico, as palavras de duas ou mais sílabas dividem-se, na nossa língua portuguesa, em:

- oxítonas (acento tônico na última sílaba): **avó, café, sofá, detém, sabiá**;
- paroxítonas (acento tônico na sílaba que está próxima da última, ou seja, na penúltima sílaba): **cravo, leque, amavam, móvel, sabia**;
- proparoxítonas (acento tônico na antepenúltima sílaba): **xí**cara, **rá**pido, **só**lido, **lí**quido.

Vocábulos terminados em *-ia*, *-ie*, *-io*, *-ua*, *-ue*, *-uo* átonos, que admitem pronúncia como paroxítonos ou proparoxítonos, são conhecidos como proparoxítonos eventuais: *glória, cárie, prêmio, árdua, tênue, mútuo.*

Os monossílabos podem ser átonos ou tônicos, na dependência de seu destaque ou não no enunciado da frase de que fazem parte. Exemplos:

Sem fé não se vai ao céu.

Átonos: **sem, se, ao**.
Tônicos: **fé, não, vai, céu**.

Observe-se que, na pronúncia, os átonos parecem formar um conjunto com os tônicos: *semfé/ não/ sevai/ aocéu.*

O AOLP situa os monossílabos tônicos entre os vocábulos oxítonos.

Morfema

É a unidade mínima de significação ou dotada de significado que integra a estrutura da palavra. É também chamado de *elemento mórfico*.

Radical

É o morfema ou elemento mórfico que, na estrutura das palavras, encerra o núcleo do sentido: **nasc**er, **am**or, **amig**o, **part**iremos. Os termos que têm o mesmo radical são chamadas de *cognatos*.

Prefixo

Prefixo é o morfema ou elemento mórfico que altera o sentido do radical a que se agrega e antecede: **re**fazer, **in**útil, **des**ordem.

Falso prefixo ou pseudoprefixo

Por falso prefixo ou pseudoprefixo entendem-se alguns radicais que se afastaram da significação de origem e ganharam um sentido especial ao integrarem uma palavra composta: **aero**nave, **agro**indústria, **cine**clube, **fono**visão.

Sufixo

Sufixo é o morfema ou elemento mórfico que altera o sentido do radical que o antecede e ao qual se agrega: am*igo*, fel*iz*, sauda**ção**.

Vocábulos rizotônicos e arrizotônicos

Rizotônico é o vocábulo em que o acento tônico incide sobre o radical: *amo, temes, partes*. No vocábulo arrizotônico, recai fora do radical: *amava, amiga, temia, partiremos*.

Etimologia

É o estudo da origem das palavras.

Ortografia e normas

A configuração de normas reguladoras da ortografia da língua portuguesa tem sido preocupação de estudiosos desde o século XVI.

Tais normas envolvem o emprego das letras e de sinais.

Esses sinais servem para indicar:

a) O lugar das sílabas tônicas de certos vocábulos e o timbre de certas vogais que as constituem, isto é, se são abertas ou fechadas: *xícara, móvel, café, ipê, avó, avô*.

b) Eventualmente, o número de certas formas verbais: *ele ou ela* **vem**, *eles ou elas* **vêm**, *ele ou ela* **detém**, *eles ou elas* **detêm**.

É a função dos acentos agudo e circunflexo.

c) A existência de crase de *a+a*: *Vou à festa; refiro-me à do seu aniversário, àquela que o jornal anunciou.*

É a função do acento grave.

Crase

É o fenômeno fonético que consiste na fusão de duas vogais iguais, não é acento. A presença do acento grave na nossa língua escrita é exclusiva da crase de *a+a*.

a) A nasalidade de vogais, caso do til: *amanhã, recompõe, cãibra.*

b) A pronúncia sibilante correspondente à letra *c*, o que compete à cedilha: *Entre nesta dança.*

c) A ligação:

- de termos de palavras compostas: *banana-maçã, astro-rei, guarda-costas;*
- de pronomes junto a formas verbais: *amá-la-emos, amar-te, amar-te-ei, comunicar-lhe;*
- a separação de sílabas de palavras, notadamente em fim de linha: *ama-rei;*
- a supressão de elementos mórficos de palavras: (**am-**, *radical de amar e cognatos;* **tem-**, *radical de temer e cognatos;* **part-**, *radical de partir e cognatos*);
- São funções do hífen, ou traço de união.

d) A elisão de vogais e a supressão de fonemas, característica do apóstrofo: gota-d'água;

"'Stamos em pleno mar" (Castro Alves).

A ortografia da língua portuguesa tem sido objeto, desde 1931, de acordos firmados, inicialmente por Brasil e Portugal e posteriormente também pelos demais países que integram a comunidade lusófona. Em destaque, a simplificação e a unificação ortográficas, agitadas, ao longo do tempo, por encontros e desencontros.

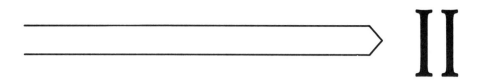

NO RUMO DOS ACORDOS

Primórdios

A história da efetiva sistematização tem como marco a *Ortografia nacional*, do filólogo português José Aniceto Gonçalves Viana, datada de 1904. Segundo essa obra, uma comissão de estudiosos, incluído o autor, e sem participação brasileira, elaborou os cânones tornados oficiais e obrigatórios em Portugal a partir de 1º de setembro de 1911. Estabelecia-se, entre outros princípios, a abolição de todos os símbolos da etimologia grega, a substituição de consoantes duplas por simples, exceção feita para *rr* e *ss* intervocálicos, a regulamentação da acentuação gráfica.

Cumpre acrescentar que, em 1907, de acordo com a proposta do acadêmico Medeiros e Albuquerque, datada de 1901, a Academia Brasileira de Letras aprovou a adoção de um sistema que não despertou maiores entusiasmos. O ano de 1915 marcou decisão da Academia de estabelecer acordo com os portugueses, propósito abandonado em 1919. Novo sistema, falho, é proposto em 1929. Sem êxito.

O primeiro acordo luso-brasileiro

O primeiro acordo ortográfico relacionado com a língua portuguesa comum só foi efetivamente firmado em 1931, entre a Academia Brasileira de Letras e a Academia das Ciências de Lisboa. Tornou-se oficial pelo decreto de 15 de junho do mesmo ano, assinado por Getúlio Vargas, então Chefe do Governo Provisório. Novo decreto, datado de 23 de agosto de 1933, tornou obrigatório em todo o Brasil a adoção das regras ortográficas nele fixadas. A partir, basicamente, ressalte-se, dos cânones lusitanos de 1911, ratificados na sua totalidade.

A regulamentação que, em termos práticos, teve pouca repercussão na realidade brasileira, foi abandonada em 1934. A nova Constituição, datada deste ano, a ela se contrapõe, na esteira das propostas modernistas.

O segundo acordo

Em 1938, entretanto, foi restabelecida a vigência do texto de 1931. Oficializa-o o Decreto 292, do mesmo Getúlio Vargas, agora ditador. Documento firmado em 23 de fevereiro.

"Instruções", vocabulários, divergências

A publicação, em Portugal, por Rebelo Gonçalves, do *Vocabulário ortográfico da língua portuguesa*, em 1940, e do *Pequeno vocabulário ortográfico da língua portuguesa*, em 1943, pela Academia Brasileira de Letras, este elaborado a partir das "Instruções para a organização do vocabulário ortográfico da língua portuguesa", aprovadas por esta mesma Academia em 12 de setembro desse último ano, evidencia diferenças flagrantes. Parte-se, então, para o entendimento, num encontro interacadêmico, a Convenção para a Unidade, Ilustração e Defesa do Idioma Comum, também de 1943, realizada em Lisboa.

Emergem, na sequência, a Convenção Ortográfica Luso-Brasileira de 1945 e a proposta de elaboração do *Vocabulário ortográfico resumido*.

O Congresso brasileiro não ratifica esse último Acordo. O Brasil permanece fiel aos critérios configurados nas citadas "Instruções" oficializados em decreto no ano de sua aprovação, base do *Pequeno vocabulário ortográfico da língua portuguesa*, e posteriormente restabelecidos pela Lei 2.623, de 21 de outubro de 1955. Portugal adota, oficialmente, as normas de 1945. E oficializa-as, por seu turno, pelo Decreto 35.228 de 28 de agosto. Tais normas estendem-se aos países africanos, a esse tempo ainda não independentes.

Breves mudanças em 1971, no Brasil; em 1973, em Portugal

Em 1967, o deputado brasileiro Alceu Carvalho apresenta, na Câmara Federal, um projeto, que recebe o número 504/67. A proposição envolve a alteração do artigo 1º da citada Lei 2.623, estabelecendo que fossem abolidos do sistema ortográfico então vigente: o trema indicativo do encontro de vogais que não forma ditongo, mas hiato; o acento circunflexo diferencial ou distintivo no *e* e no *o* fechado da sílaba tônica das palavras homógrafas em que essas duas vogais são abertas; o acento circunflexo e o acento grave do primeiro elemento nos advérbios formados por derivação com o acréscimo do sufixo *-mente* e nos derivados em que figuram sufixos precedidos da consoante de ligação *-z-* (-(z)ada, -(z)eiro, -(z)inho, -(z)ista, -(z)ita, -(z)ona, -(z)orro, -(z)udo etc.).

A proposta foi exaustivamente discutida e avalizada, ao longo de quatro anos, por várias entidades: Conselho Federal de Cultura, Conselho Federal de Educação, Academia Brasileira de Filologia, uma Assessoria Parlamentar integrada por filólogos de renome, especialmente criada e, separadas e em conjunto, a Academia Brasileira de Letras e a Academia das Ciências de Lisboa.

A aprovação do Projeto ocorre em 1971, por meio da Lei 5.765, publicada no Diário Oficial da União de 20 de dezembro, com definição de entrada em vigor a partir de 20 de janeiro de 1972 e com as modificações nela configuradas incorporadas às normas da ortografia oficial.

Portugal, por sua vez, em 1973, promulga Lei que acrescenta mudanças às normas de 1945: a eliminação dos acentos circunflexo e grave nos mesmos casos referentes aos advérbios em *-mente* ou com aqueles sufixos precedidos da consoante de ligação *-z-*.

Novas tentativas de simplificação

Em 1975: as duas academias, a brasileira e a portuguesa, elaboram novo projeto de acordo. Motivos de caráter político impedem a aprovação oficial dos princípios reguladores preconizados.

Os esforços prosseguem. E conduzem, em maio de 1986, a mais uma tentativa de uniformização. Num Encontro para a Unificação da Língua Portuguesa, que reúne, no Rio de Janeiro, na Academia Brasileira de Letras, por iniciativa e proposta de José Sarney e operacionalização liderada pelo filólogo Antônio Houaiss, representantes convidados de seis das sete nações lusófonas que, à época, adotavam o português como língua oficial, vale dizer, além do Brasil e de Portugal: Angola, Cabo Verde, Moçambique, São Tomé e Príncipe e Guiné-Bissau. O Timor-

Leste, que se tornaria independente em 1999 e só teria presidente eleito em 2001, não pôde representar-se, por motivos alheios ao Encontro.

O Acordo Ortográfico então elaborado propiciaria a unificação da grafia de 99,5% do vocabulário geral da língua. Para tanto, estabelecia medidas consideradas drásticas, como a supressão dos acentos das palavras proparoxítonas e paroxítonas. Termina, como o anterior, por não ir adiante. Ressalte-se que, tradicionalmente, em termos ortográficos, configuram-se uma norma reguladora brasileira e uma norma reguladora luso-africana.

O novo acordo ortográfico da língua portuguesa

Negociações em torno de mais um projeto de simplificação mobilizam, em 1989, os mesmos países. Um novo documento regulamentador, decorrente da ação da ABL e da ACL, com a participação oficial de todos, por seus representantes, é formulado em 1990. Na base dos conteúdos, o texto do Acordo de 1975 e de estrutura, do Acordo de 1986, consideradas as razões das divergências a ambos vinculadas. Resultado: a elaboração do texto final, assinado, em Lisboa, em 16 de novembro de 1990. Destinado a unificar a grafia de 98% do vocabulário geral da língua. Com previsão de entrada em vigor em 1994, mas na dependência de aprovação pelos respectivos parlamentos.

Por força da incompatibilidade entre data de aprovação e entrada em vigor das novas determinações, um primeiro Protocolo Modificativo, celebrado em Cabo Verde, na Cidade da Praia, em 17 de julho de 1998, autoriza a adesão do Timor-Leste e elimina a exigência de fixação da data de vigência. Esta não ocorre.

Um segundo Protocolo é então aprovado, em São Tomé, em 25 de julho de 2004, em reunião dos Chefes de Estado e de Governo e da Comunidade dos Povos de Língua Portuguesa (CPLP). O novo documento altera significativamente o critério anterior, ao estabelecer que o Acordo "entrará em vigor com o terceiro depósito do instrumento de ratificação junto da República Portuguesa". Tal dispositivo só se aplicaria, entretanto, quando o citado II

Protocolo de que faz parte entrasse, por sua vez, em vigor, ou seja "no 1º dia do mês seguinte à data em que três Estados membros da CPLP tenham depositado junto da República Portuguesa os respectivos instrumentos de ratificação ou documentos equivalentes que os vinculem ao Protocolo" (Artigo 5º, Ponto 3, do Protocolo II). Estabeleceu-se ainda que o documento deveria ser objeto de lei de cada um dos países.

O Brasil ratifica o citado Protocolo II em 2004; Cabo Verde, em fevereiro de 2005 e São Tomé e Príncipe em 2006. Com as respectivas documentações depositadas junto ao Ministério dos Negócios Estrangeiros de Portugal.

Em consequência, as três ratificações assim concretizadas conferiam ao Acordo condições de vigorar tecnicamente a partir de janeiro de 2007. Ainda uma vez, não entrou efetivamente em vigor. Resistências acentuadas de várias origens e dificuldades de ordem prática, além de injunções de caráter político conduzem ao adiamento.

Em março de 2008, o Conselho de Ministros de Portugal aprova o Acordo ortográfico proposto. O mesmo faz, no mês de maio, a Assembleia da República Portuguesa. Ganha presença, nesse mesmo mês, no âmbito do Ministério da Educação do Brasil a proposta de vigência das novas regras ortográficas em território brasileiro a partir de 1º de janeiro de 2009, a ser formalizada em ato do Presidente da República. O Presidente português Cavaco Silva sanciona o documento, em ato de julho de 2008, com data de entrada em vigor fixada em janeiro de 2009. O Presidente Luiz Inácio Lula da Silva o promulga, em decreto de nº 6.583, assinado na Academia Brasileira de Letras, em 29 de setembro do mesmo ano, com a mesma data de vigência e prazo de adaptação estendido até 31 de dezembro de 2012.

Tecnicamente, o Acordo vale para todos os países, por força do estabelecido no citado Protocolo II. Os governos das demais nações que integram a comunidade dos Povos de Língua Portuguesa — Angola, Moçambique, Guiné-Bissau e Timor-Leste — certamente darão sequência aos trâmites legais ratificadores do seu assentimento. Essa legitimidade legal de caráter amplo conferida a um documento que respeita as diferenças culmina por referendá-lo consensualmente.

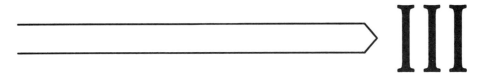

O ACORDO ORTOGRÁFICO
DA LÍNGUA PORTUGUESA – 1990

O novo Acordo envolve os oito países soberanos em que o português é língua oficial. Associa, na fundamentação, o critério fonético e o critério etimológico, o primeiro "com um certo detrimento para o segundo" (Nota Explicativa do Acordo Ortográfico da Língua Portuguesa-1990, item 3), ou seja, características de pronúncia e configurações históricas das palavras da nossa língua. Leva em conta as diferenças de pronúncia das comunidades envolvidas. Aprovado pelas nações lusófonas, institucionaliza e legitima os cânones regularizadores da ortografia, consensual e legalmente válidos para todas. Estrutura-se em 21 bases. Estabelece algumas regras novas. Modifica outras. Confirma inúmeros critérios anteriormente em vigor que, portanto, permanecem. Envolve, no âmbito das mudanças:

1. o alfabeto;
2. uso de letras maiúsculas e minúsculas;
3. sequências consonânticas interiores;
4. acentuação gráfica;
5. hifenização.

Os novos cânones implicam modificações em 0,5% das palavras mais usadas no Brasil e 1,6% das de Portugal, percentuais apoiados em pesquisa baseada num universo de 110 mil vocábulos.

Os documentos legais e fundamentadores, em especial o texto do AOLP e a respectiva Nota Explicativa e mais as "Instruções para a organização do Vocabulário ortográfico da língua portuguesa" aprovadas em 1943, pela Academia Brasileira de Letras, as obras especializadas indicadas na bibliografia do final do volume possibilitam sistematizar, com base na experiência docente do autor, alguns procedimentos práticos que, embora sem caráter totalizante, podem contribuir para facilitar o conhecimento e a aplicação das regras ortográficas preconizadas.

É o que você encontrará explicitado nos capítulos seguintes deste livro.

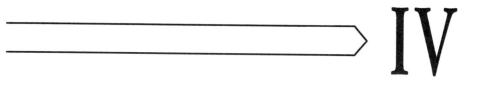

REGRAS ORTOGRÁFICAS
(DESTACADAS AS ALTERAÇÕES EM RELAÇÃO AOS ACORDOS ANTERIORES)

O ALFABETO

Incorpora as letras **k**, **w**, **y**, antes consideradas em separado, mantidas as regras anteriores do seu emprego. Passa a ter, efetivamente, em consequência, 26 letras, cada uma com uma forma minúscula e uma forma maiúscula:

a A (á)	i I (i)	r R (erre)
B (bê)	j J (jota)	s S (esse)
c C (cê)	k K (capa ou cá)	t T (tê)
d D (dê)	l L (ele)	u U (u)
e E (é)	m M (eme)	v V (vê)
f F (efe)	n N (ene)	w W (dáblio)
g G (gê ou guê)	o O (ó)	x X (xis)
h H (agá)	p P (pê)	y Y (ípsilon)
	q Q (quê)	z Z (zê)

Os fonemas vocálicos (as vogais) são representados pelas letras a, e, i, o, u, e em alguns nomes próprios e palavras estrangeiras, pelo y e pelo w: *Yone, yakisoba, Yom Kippur, Washington*. O w representa também fonemas consonantais, nas mesmas circunstâncias: W*eber, weberiano, Wagner, wagneriano*. O h é considerado consoante ainda que, na verdade, não tenha correspondência fonética.

⇨ *LEMBRETES*

✦ continuam a ser usados o *ç* (cê-cedilhado) e os dígrafos *rr* (erre duplo), *ss* (esse duplo), *ch* (cê-agá), *lh* (ele-agá), *nh* (ene-agá), *gu* (guê-u) e *qu* (quê-u);

✦ as letras admitem outras designações, como, por exemplo, fê (*f*), guê (*g*), lê (*l*), mê (*m*), nê (*n*), rê (*r*), comuns na Bahia. Nesse mesmo estado e ainda em Sergipe e Alagoas, o *j* é também conhecido por ji.

OBSERVAÇÕES

O texto do Acordo não faz referência, como dígrafos, a *sc* (*nascer, crescer*), *sç* (*cresço, nasça*), *xc* (*exceção, exceder*) e *xs* (*exsudar*), talvez pela acentuada variação da pronúncia, nem às vogais cuja nasalização é indicada pelo *m* ou pelo *n* (*campo, canto, tempo, centena, ponto, sim, pintor, som, nêutron, álbum, álbuns*), talvez pela controvérsia que cerca tal caracterização.

Deixa também de ser citada a representação de dois fonemas por uma letra, caso do *x*, em vocábulos como *fixar, reflexo, refluxo*, e do *y* em estrangeirismos como *byroniano* (pronúncia: baironiano).

USO DAS LETRAS

Vogais

Permanecem as regras anteriormente em vigor. O AOLP, portanto, as referenda.

Para utilizá-las de acordo com as normas estabelecidas, convém familiarizar-se com as grafias registradas em vocabulários e dicionários abalizados, em especial, o *Vocabulário Ortográfico da Língua Portuguesa da Academia Brasileira de Letras* (*VOLP*), a partir da 5ª edição.

O texto do Acordo, entretanto, inclui alguns critérios orientadores do emprego, em algumas situações, das vogais *E, I, O, U* átonas. Vamos a eles, didaticamente sistematizados.

1. USA-SE ***E*** E NÃO ***I***

   1.1 ANTES DA SÍLABA TÔNICA, nos substantivos e adjetivos derivados de substantivos terminados em ***-eio*** e ***-eia*** ou que com eles tenham relação direta. Exemplos:

aldeão, aldeola, aldeota	(cf. *aldeia*)
areal, areeiro, areento	(cf. *areia*)
areosa	(cf. *areia*)
aveal	(cf. *aveia*)
baleal	(cf. *baleia*)
cadeado	(cf. *cadeia*)
candeeiro	(cf. *candeia*)
centeeira, centeeiro	(cf. *centeio*)
colmeal, colmeeiro	(cf. *colmeia*)
correada, correame	(cf. *correia*)
meada	(cf. *meio*)

1.2 ANTES DE VOGAL OU DE DITONGO DA SÍLABA TÔNICA, nos derivados de palavras que terminam em **e** acentuado. Exemplos:

apear	(cf. *pé*)
cafeeiro	(cf. *café*)
galeão, galeota, galeote	(cf. *galé*)
daomeano	(cf. *Daomé*)
guineense	(cf. *Guiné*)
poleame, poleeiro	(cf. *polé*)
taubateano	(cf. *Taubaté*)
tieteano	(cf. *Tietê*)

1.3 NOS VERBOS também vinculados a substantivos terminados em **-eio** ou **-eia**. Exemplos:

afear	(cf. *feio*)
aldear	(cf. *aldeia*)
alhear	(cf. *alheio*)
arrear	(cf. *arreios*)
cear	(cf. *ceia*)
encadear	(cf. *cadeia*)
estrear	(cf. *estreia*)
estear	(cf. *esteio*)
idear	(cf. *ideia*)
passear	(cf. *passeio*)
recear	(cf. *receio*)

⮕ LEMBRETE

✦ Escrevem-se com **e**:

acordeão*	empecilho	mentira
antecipar	empertigar	mercearia
antediluviano	encarnação	mestiço
anteontem	encômio	metileno
aperitivo	encorpar	mexerico
arrepiar	encrenca	mexilhão
bandear	endireitar	náusea
cadeado	enseada	nomear
campeão	enteado	óleo****
campear	entorpecente	ombrear
carestia	entronizar	orquídea
chulear	entupir	paletó
côdea	enxerido	paralelepípedo
confete	enxerir	peanha
conveniente	estripolia***	pechinchar
corpóreo	granjear	penteado
creolina	irrequieto	periquito
creosotado	legítimo	petisco
demitir	lêndea	preferir
descompostura	lenitivo	prevenir
descortinar	linear	quase
descortino	longilíneo	rabequear
despautério	malefício	repelir
despencar	marmóreo	repetir
despender	melhor	semear
despenseiro**	melindrar	semelhante
despesa	melindrosa	senão*****
desprevenido	menino	sequer

---

*Variante: acordeom
**Encarregado da despensa. Cf. *dispenseiro*, quem desobriga.
***Variante: estripulia
****Cf. óleo, "aranha".
*****Cf. sinão (sino grande).

seriema	tontear	vítreo
seringa*	traqueano	volemia
seringueiro	várzea	voltear
sucedâneo	veado (animal)**	

2. USA-SE *I* E NÃO *E*

2.1 ANTES DA SÍLABA TÔNICA, nos substantivos e adjetivos derivados em que entram os sufixos mistos **-iano** e **-iense** de formação vernácula. Exemplos:

açoriano	(de Açores)
acriano	(de Acre)
camoniano	(de Camões)
goisiano	(relativo a Damião de Góis)
horaciano	(de Horácio)
italiano	(de Itália)
siniense	(de Sines)
sofocliano	(de Sófocles)
torriano, torriense	(de Torres)

➲ *LEMBRETES*

✦ Sufixo de formação vernácula é, no caso, o que se formou em português: a língua vernácula é a que se aprende em casa desde que se nasce.

✦ Misto é sufixo que, na sua formação, associa elementos etimológicos de origem com elementos vernáculos outros. No caso, *-iano* e *-iense* resultam da combinação dos sufixos *-ano* e *-ense* com um *i*, cuja origem é a analogia com palavras em que esses

---

*Cf. siringa, espécie vegetal.
**Cf. viado, adj. e s.m. espécie de tecido.

sufixos figuram precedidos de um *i* que faz parte do **tema** da palavra, como *horaciano* (cf. *Horácio*); *italiano* (cf. *Itália*).

✦ Tema é o resultado da junção de uma vogal dita temática com o radical, isto é, com o núcleo de significação da palavra. Um exemplo: em *italiano*, *ital-* é o radical; *-i-*, a vogal temática; *itali-*, o tema; *-ano*, o sufixo.

2.2 NOS SUBSTANTIVOS terminados em *-io*, *-ia* átonos que constituem variações ampliadas de outros substantivos terminados em vogal. Exemplos:

cúmio (protelar)	(cf. *cume*)
hástia	(cf. *haste*)
réstia	(cf. *reste*, termo antigo)
véstia	(cf. *veste*)

2.3 Quando representativo da semivogal nos verbos com flexões rizotônicas em ***-eio, -eia, -eiam, -eias, -eie, -eiem, -eies***. Exemplos:

apear	*apeio, apeias, apeia, apeiam, apeie, apeies, apeie, apeiem*
campear	*campeio, campeias, campeia, campeiam, campeie, campeies, campeie, campeiem*
cercear	*cerceio, cerceias, cerceia, cerceiam, cerceie, cerceies, cerceie, cerceiem*
chulear	*chuleio, chuleias, chuleia, chuleiam, chuleie, chuleies, chuleie, chuleiem*
clarear	*clareio, clareias, clareia, clareiam, clareie, clareies, clareie, clareiem*
debrear	*debreio, debreias, debreia, debreiam, debreie, debreies, debreie, debreiem*
delinear	*delineio, delineias, delineia, delineiam, delineie, delineies, delineie, delineiem*
devanear	*devaneio, devaneias, devaneia, devaneiam, devaneie, devaneies, devaneie, devaneiem*

encadear	encadeio, encadeias, encadeia, encadeiam, encadeie, encadeies, encadeie, encadeiem
entremear	entremeio, entremeias, entremeia, entremeiam, entremeie, entremeies, entremeie, entremeiem
estrear	estreio, estreias, estreia, estreiam, estreie, estreies, estreie, estreiem
falsear	falseio, falseias, falseia, falseiam, falseie, falseies, falseie, falseiem
frear	freio, freias, freia, freiam, freie, freies, freie, freiem
granjear	granjeio, granjeias, granjeia, granjeiam, granjeie, granjeies, granjeie, granjeiem
guerrear	guerreio, guerreias, guerreia, guerreiam, guerreie, guerreies, guerreie, guerreiem
hastear	hasteio, hasteias, hasteia, hasteiam, hasteie, hasteies, hasteie, hasteiem
idear	ideio, ideias, ideia, ideiam, ideie, ideies, ideie, ideiem
manusear	manuseio, manuseias, manuseia, manuseiam, manuseie, manuseies, manuseie, manuseiem
nomear	nomeio, nomeias, nomeia, nomeiam, nomeie, nomeies, nomeie, nomeiem
ombrear	ombreio, ombreias, ombreia, ombreiam, ombreie, ombreies, ombreie, ombreiem
passear	passeio, passeias, passeia, passeiam, passeie, passeies, passeie, passeiem
pratear	prateio, prateias, prateia, prateiam, prateie, prateies, prateie, prateiem
recrear	recreio, recreias, recreia, recreiam, recreie, recreies, recreie, recreiem
regatear	regateio, regateias, regateia, regateiam, regateie, regateies, regateie, regateiem

relancear	relanceio, relanceias, relanceia, relanceiam, relanceie, relanceies, relanceie, relanceiem
romancear	romanceio, romanceias, romanceia, romanceiam, romanceie, romanceies, romanceie, romanceiem
sanear	saneio, saneias, saneia, saneiam, saneie, saneies, saneie, saneiem
sapatear	sapateio, sapateias, sapateia, sapateiam, sapateie, sapateies, sapateie, sapateiem
semear	semeio, semeias, semeia, semeiam, semeie, semeies, semeie, semeiem
sestear	sesteio, sesteias, sesteia, sesteiam, sesteie, sesteies, sesteie, sesteiem
sortear	sorteio, sorteias, sorteia, sorteiam, sorteie, sorteies, sorteie, sorteiem
tontear	tonteio, tonteias, tonteia, tonteiam, tonteie, tonteies, tonteie, tonteiem
vaguear	vagueio, vagueias, vagueia, vagueiam, vagueie, vagueies, vagueie, vagueiem

Os verbos *mediar, ansiar, remediar, incendiar, odiar* escrevem-se com *e* quando o acento tônico recai <u>no</u> <u>radical</u> (formas rizotônicas). Quando cai <u>fora</u> do radical (formas arrizotônicas), mantém-se o *i*:

*Incend**e**io de expectativa.*
*Od**e**io-me por tanto amor.*
*Não od**e**ie: ame.*
*Ans**i**amos por sua vinda.*

EXEMPLO E MODELO:

Presente do indicativo	Presente do subjuntivo	Imperativo Afirmativo	Imperativo Negativo
anseio	*anseie*	----------	----------
anseias	*anseies*	*anseia*	*não anseies*
anseia	*anseie*	*anseie*	*não anseie*
ansiamos	*ansiemos*	*ansiemos*	*não ansiemos*
ansiais	*ansieis*	*ansiai*	*não ansieis*
anseiam	*anseiem*	*anseiem*	*não anseiem*

Alumiar, distanciar, financiar, negociar, premiar, presenciar e poucos mais admitem variantes nas formas rizotônicas, que, entretanto, <u>não integram o uso formal ou culto</u>.

Confira:

Presente do indicativo	Presente do subjuntivo	Imperativo afirmativo
premio/premeio	*premie/premeie*	----------
premias/premeias	*premies/premeies*	*premia/premeia*
premia/premeie	*premie/premeie*	*premie/premeie*
premiamos	*premiemos*	*premiemos*
premiais	*premieis*	*premiai*
premiam/premeiam	*premiem/premeiem*	*premiem/premeiem*

Imperativo negativo
não premies/premeies
não premie/premeie
não premiemos
não premieis
não premiem/premeiem

Nos demais verbos terminados em *-iar* mantém-se o *i* ao longo da conjugação. Exemplo:

Presente do indicativo	Presente do subjuntivo	Imperativo afirmativo	Imperativo negativo
amplio	amplie	-------------	------------
amplias	amplies	amplia	não amplies
amplia	amplie	amplie	não amplie
ampliamos	ampliemos	ampliemos	não ampliemos
ampliais	amplieis	ampliai	não amplieis
ampliam	ampliem	ampliem	não ampliem

⇨ **LEMBRETE**

✦ Escrevem-se com *i*, entre outros exemplos:

acrimônia	diminuir	ingurgitar
ameixial	discricionário	inigualável
amial	disenteria	intitular
amieiro	dispêndio	intolerância
ansiar	distinguir	invertido
artilharia	eletricidade	lampião
artimanha	erisipela	longilíneo
beribéri	escárnio	meritíssimo
bocagiano	escória	míssil
borgiano	esquisito	pior
caititu	ferregial	pontiagudo
calidoscópio*	filigrana	privilégio
camiliano	freixial	ravióli
camoniano	frontispício	requisito
capitânia	goisiano	ridículo
casimira	hilaridade	sáurio
cerimônia	ignomínia	sibila
cesariana	imiscuir-se	silício
criar	incinerar	sofocliano
diante	incomodar	sopitar
digladiar	inculcar	verossímil**

---

*Variante: caleidoscópio.
**Variante: verosímil.

Compare:

    afiar (amolar) com *afear* (tornar feio, tornar-se feio);
    arriar (baixar) com *arrear* (pôr arreios);
    cardeal (principal, fundamental; dignidade eclesiástica; ave) com *cardial* (relativo a cárdia, parte do estômago que recebe a porção abdominal do esôfago);
    diferir (adiar, retardar, procrastinar) com *deferir* (despachar favoravelmente);
    discrição (qualidade de quem é reservado, sabe guardar segredo) com *descrição* (ato de descrever);
    dilatar (alargar, ampliar, amplificar) com *delatar* (denunciar, acusar);
    discriminar (discernir, separar) com *descriminar* (tirar a culpa, isentar de crime);
    dispensa (ato de dispensar) com *despensa* (local da casa destinado à guarda de alimentos);
    distinto (diferente) com *destinto* (sem cor);
    distorção (deformação) com *destorção* (ato ou efeito de destorcer);
    distratar (desfazer contrato) com *destratar* (insultar);
    enfriar (tornar frio) com *enfrear* (colocar freio);
    estiar (parar de chover) com *estear* (sustentar com esteios, escorar);
    estriar (enfeitar ou guarnecer com estria; estria é uma linha fina que forma um sulco, uma aresta ou um traço colorido na superfície de um corpo, ou, em outra acepção, qualquer linha ou filete existente na pele) com *estrear* (começar, iniciar);
    estropiar (desfigurar, adulterar) com *estropear* (fazer tropel);
    ilidir (refutar) com *elidir* (eliminar, neutralizar);
    imerso (mergulhado, afundado) com *emerso* (que emergiu, que veio à tona);
    iminente (próximo a acontecer) com *eminente* (ilustre, elevado);
    imitir (investir em) com *emitir* (pôr em circulação);

infestar (multiplicar-se com dano) com *enfestar* (causar aborrecimento);

miar (soltar um miado) com *mear* (dividir ou partir ao meio);

pátio (recanto interno térreo não coberto) com *páteo* (modalidade de cruz)

piar (emitir pio) com *pear* (lançar peias, prender com peias, embaraçar, estorvar);

vadiar (não fazer nada) com *vadear* (passar um rio a vau).

3. USO DO *O* E DO *U*

Cumpre conhecer a grafia das palavras. Para tanto, consultem-se vocabulários e dicionários abalizados.

⊃ *LEMBRETES*

✦ Escrevem-se com *o*, entre outros exemplos:

ac*o*stumar	c*o*biça	esbaf*o*rido
am*o*ntoar	c*o*biçar	esm*o*lambado
ar*o*eira	c*o*brir	expl*o*dir
at*o*rdoar	c*o*chicho	exp*o*liar
azêm*o*la	c*o*gitar	farând*o*la
bant*o*	c*o*larinho	fem*o*ral
b*o*ate	c*o*ncorrência	f*o*cinho
b*o*bina	c*o*rrupio	g*o*rgolejar
b*o*dega	c*o*rtiça	g*o*rgomilos
b*o*dum	c*o*ruja	g*o*rgorão
b*o*lacha	c*o*rvina	l*o*mbriga
b*o*rbulhar	c*o*stume	m*o*chila
b*o*teco	discób*o*lo	m*o*leque
b*o*tequim	emb*o*lia	m*o*ntoeira
b*o*tijão	enc*o*brir	m*o*ringa
b*o*tinada	enc*o*mpridar	m*o*rrinha
búss*o*la	eng*o*lir	m*o*rubixaba
caç*o*ar	epíst*o*la	m*o*squito

moto-próprio	ratear	toalete
nevoeiro	silvícola	toalha
nódoa	soalho	tocaia
óbolo	somítico	tômbola
ocorrência	sopitar	torvelinho
orangotango	soporífero	tostão
polegar	sorriso	trampolim
poleiro	sortido (abastecido)	tribo
polenta	sorumbático	vinícola
polir	sotaque	volabilidade
rebotalho	sovaco	zoada
refocilar	stricto sensu	zoar
romeno	távola	zoeira

✦ Escrevem-se com *u*, entre outros exemplos:

aburguesar	elucubração	panturrilha
acudir	embutir	pirulito
bruxulear	entabular	regurgitar
bueiro	escapulir	sinusite
bugalho	esculachar	sorumbático
bujão	furúnculo	tábua
bulício	Hindustão	tabuada
bumerangue	ingurgitar	tabuleiro
chuviscar	jabuti	tabuleta
cinquenta	jabuticaba	tonitruante
cumbuca	léu	usufruto
Curaçau	lóbulo	úvula
curtir	lucubração	uvulite
curtume	mandíbula	vírgula
cutucar	muamba	virulento

Compare:

comprido (longo, extenso) com *cumprido* (executado, feito);

mocambo (habitação precária) com *mucambo* (ave);

patoá (falar de determinada região) com *patuá* (cesto de palha; bentinho);

sortir (abastecer-se de provisões) com *surtir* (dar como realizado);
abolia (forma do verbo abolir) com *abulia* (apatia);
cotia (embarcação) com *cutia* (animal);
reboliço (que rebola) com *rebuliço* (agitação, confusão, desordem);
soar (emitir ou produzir som, ecoar) com *suar* (transpirar).

4. VOGAIS NASAIS

Mantêm-se os critérios anteriores. A nasalidade é representada:

4.1 Pelo til, se a vogal é de timbre *a* e se situa em fim de palavra ou no final de elemento seguido de hífen:

afã	*irmã*	*romã*
alemã	*lã*	*sã*
Grã-Bretanha	*maçã*	*são*
grã-duquesa	*manhã*	*sã-braseiro**
ímã	*órfã*	

O til permanece nos advérbios em *-mente* e na presença da consoante de ligação *-z*, que antecede sufixos como *-udo, -inha, -inho* e similares derivados de palavras terminadas em *ã: cristãmente, irmãmente, sãmente, lãzudo, maçãzinha, manhãzinha, romãzeira.*

4.2 Por *m*, se a vogal final é de outro timbre que não o *a* e se situa em fim de palavra: **alecrim, clarim, flautim, tamborim, tom, vacum.**

4.3 Por *n*, se a vogal final, igualmente de timbre diverso de *a*, está seguida de *s*: **álbuns, clarins, flautins, tamborins, tons.**

---

*Forma dialetal: o mesmo que são-brasense, natural de S. Brás de Alportel (cf. AOLP, Base VI).

5. DITONGOS

Permanecem, referendadas, as regras anteriores.

5.1 Os ditongos orais decrescentes, átonos ou tônicos, são representados por vogal seguida de **i** ou **u**: c**ai**xa, am**ai**, estáv**ei**s, sab**ei**s, an**éi**s, f**oi**, **oi**tavo, anz**ói**s, c**ui**dado, az**ui**s, cac**au**, cauc**ui**lista, e**u**foria, ade**u**s, chap**éu**, sorr**iu**, **ou**sado, am**ou**.

5.2 Seguem sendo usadas, excepcionalmente, as grafias **ae** (= âi, ou ai), nos nomes próprios C**ae**tano e C**ae**tana e nos derivados e compostos c**ae**taninha, são-c**ae**tano etc., e **ao** (= âu e au), nas combinações **ao** e **aos**.

5.3 Escreve-se **ui** e não **ue** nas formas da 2ª e da 3ª pessoas do singular do presente do indicativo e, por consequência, na 2ª pessoa do singular do imperativo dos verbos terminados em **-uir**. Exemplos:

    arguir   tu arg**ui**s, ele arg**ui**, arg**ui** tu
    contribuir tu contrib**ui**s, ele contrib**ui**, contrib**ui** tu
    diminuir   tu dimin**ui**s, ele dimin**ui**, dimin**ui** tu
    influir   tu infl**ui**s, ele infl**ui**, infl**ui** tu

5.4 Os ditongos orais crescentes seguem representados graficamente por **ea, eo, ia, ie, io, oa, ua, eu, uo**. Exemplos: láur**ea**, áur**eo**, infâm**ia**, sér**ie**, vestíg**io**, mág**oa**, líng**ua**, tên**ue**, exíg**uo**.

5.5 Os ditongos nasais, tônicos ou átonos, são grafados:

a) por vogal com til e semivogal representada por **e, i, o**: alem**ães**, alem**ão**, avi**ões**, coraç**ões**zinhos, p**ães**.

O ditongo decrescente nasal **-ãi** é assim representado em *cãibo* (pau com gancho na ponta; cambada; réstia de cebola), *cãibra* (contração muscular passageira, involuntária e dolorosa), *cãibro* (par de espigas de milho unidas com a

---
*Observe-se a eliminação do acento agudo do *u*.

própria palha, ou par de objetos quaisquer ligados entre si) e *zãibo* (estrábico; coxo), que admitem também as variantes *câimbo, câimbra, câimbro* e *zâimbo*.

b) pela vogal **a**, seguida de **m**, sempre átona, só usados em flexões verbais: cant**am**, deveri**am**, temer**am**, partir**am**.

c) pela vogal **e**, seguida de **m**, ou, em função das variantes gráficas decorrentes da posição, da acentuação ou de ambas simultaneamente, pela letra **n**: am**am**, b**em**, b**em**feito, b**em**fazejo, b**em**s, conv**ém**, convi-v**em**, *en*fim, part**em**, ret**éns**, tamb**ém**.

➲ *LEMBRETE*

✦ O ditongo nasal *ui* representa-se sem til nos vocábulos *mui* e *muito*.

Consoantes

1. O AOLP estabelece que as consoantes finais *b, c, d, g* e *t* mantêm-se, quer sejam, quer não pronunciadas, nos nomes de pessoas e de lugares da tradição bíblica, consagrados pelo uso:

Bensabat	*Isaac*	*Magog*
David	*Jacob*	*Moab*
Gad	*Job*	
Gog	*Josafat*	

Essa regra inclui também:

a) o antropônimo *Cid*, em que o *d* é sempre pronunciado;

b) *Madrid* e *Valhadolid*, em que ora o *d* é pronunciado, ora não;

c) *Calecut* ou *Calicut* se acha nas mesmas condições.

Admite, entretanto, que nada impede que dos nomes bíblicos de pessoas assim caracterizados sejam usados sem a consoante final *Davi, Jacó* e *Jó*.

2. Excetuados esses critérios e os que se referem aos dígrafos finais de origem hebraica **ch**, **ph** e **th**, tratados páginas adiante, o documento regulador mantém e, por consequência, referenda, as regras anteriores do emprego das letras que representam os fonemas consonantais.
3. Na prática, só 11 dessas letras costumam provocar vacilações em relação à grafia das palavras. São elas, didaticamente agrupadas:

k, w, y; h; g, j; c, ç, s, x, z

Você encontrará, a seguir, algumas regras, práticas, lembretes e observações que poderão contribuir para a maior familiaridade com o seu uso. Vamos a eles.

AS LETRAS K, W E Y SÃO USADAS:

1. Em símbolos e em palavras adotadas como unidades de medida de curso internacional. Exemplos:

K	(kalium, potássio, em Química)
kA	(quiloampère(s))
kc	(quilociclo(s))
kC	(quilocoulomb(s))
kcal	(quilocaloria(s))
kg	(quilograma(s))
kg/m^2	(quilograma(s) por metro quadrado)
kg/m^3	(quilograma(s) por metro cúbico)
kg* ou kgf	(quilograma(s)-força)
kg*/cm^2	(quilograma(s)-força por centímetro quadrado)
kg*/cm^3	(quilograma(s)-força por centímetro cúbico)
kg*/dm^2	(quilograma(s)-força por decímetro quadrado)
kg*/dm^3	(quilograma(s)-força por decímetro cúbico)
kg*/m^2	(quilograma(s)-força por metro quadrado)
kg*/m^3	(quilograma(s)-força por metro cúbico)
KHz	(quilohertz)

kl	*(quilolitro(s))*
km	*(quilômetro(s))*
km²	*(quilômetro(s) quadrado(s))*
kV	*(quilovolt(s))*
kW	*(quilowatt(s) internacional)*
kw	*(quilowatt(s))*
kWh	*(quilowatt(s)-hora internacional)*
kwh	*(quilowatt(s)-hora)*
w	*(watt)*
Wh	*(watt(s)-hora internacional)*
W	*(watt internacional)*
W	*(Wolfram)*
W.	*(oeste)*
ws	*(watt-segundo)*
Ws	*(watt-segundo internacional)*
wh	*(watt-hora)*
Y.	*(abreviatura que encobre um nome)*
y	*(segunda incógnita (Matemática))*
Y	*(Yttrium (ítrio))*
Yb	*(ytterbium)*
Yd	*(jarda)*

2. Em siglas: *FAO, HATO, ONU.*

3. Em substantivos próprios estrangeiros e seus derivados. Exemplos:

Bismarck	*Darwin*	*Jackson*
bismarckiano	*darwinismo*	*jacksoniano*
Brown	*Franklin*	*Kant*
Byron	*frankliniano*	*kantiano*
byroniano	*Goya*	*kantismo*
Carlyle	*goyesco*	*Kelvin*
Chomsky	*Hollywood*	*Kempis*
chomskyano	*hollywoodiano*	*Kepler*

kepleriano	newtoniano	Walter
keynesiano	Owen	Washington
Koblenz	owenismo	Waterloo
Kostka	Shakespeare	Weber
Krupp	shakespeariano	weberiano
Kuwait	Taylor	Wellington
kuwaitiano	taylorismo	Werther
Lloyd	taylorista	wertheriano
Malawi	taylorização	Wilde
malawiano	taylorizar	wildiano
Meyer	Wagner	Wilson
Newton	wagneriano	Yale

⇨ **LEMBRETES**

✦ Mantém-se a pronúncia original dos vocábulos: /Cheikispir/, /cheikispiriano/, /Uóchinton/, /Vágner/, /Uoterlou/, /Veber/, /Verter/, /Uailde/, /Bairon/, /baironiano/, /Carlaile/, /Teilor/, /teilorismo/, /teilorista/, /teilorizar/, /Iêil/.

✦ A propósito de **nomes comuns estrangeiros** integrados à língua portuguesa:

a) É recomendável o uso da **forma aportuguesada**, se estiver avalizada por vocabulários e dicionários abalizados. Exemplos:

PALAVRAS DE ORIGEM FRANCESA (GALICISMOS)

abajur	bilboquê	cabriolé
ateliê	boate	cachê
avalanche(a)	boné	cachecol
bacará	bricabraque	cachepô
balancê	bruaá	camelô
batom	bufê	caminhonete(a)
bege	bulevar	camuflagem
bibelô	buquê	camuflar
bijuteria	cabaré	cancã

capô
carapaça
carroceria
carrossel
cassetete
cavanhaque
chalé
champanhe(a)
chance
chantagem
chassi
chatô
chauvinismo
chique
chofer
chope
choque
conhaque
crepom
croquete
croqui
crupiê
culote
debochar
deboche
decolagem
decolar
derrapagem
derrapar
detalhar
detalhe
dossiê
eclosão
edredom(ão)
elite
envelope
equipe
escroque
etiqueta
filé
gabardine(a)
gafe
garagem
garçom(ão)
glacê
greve
gripe
grisê
groselha
guache
guidom(ão)
guilhotina
hangar
jargão
jetom
maiô
platô
quepe
quermesse
ragu
recauchutagem
relé
ricochete
rondó
sabotagem
sachê(é)
sutiã
verve
vitral

PALAVRAS DE ORIGEM INGLESA (ANGLICISMOS)

bangalô
basquetebol
becape
beisebol
bife
biquine, biquíni
bisteca
blecaute
blefe
blogue
boicote
bóton
boxe
brecar
bridge
buldogue
cartum
categute
caubói
chute
ciberespaço
cibernauta
cibernética
ciberpirata
ciborgue
clipe(s)
clonagem
clonar
clone
clube
codinome
copidesque
coquetel

córner *faroeste* *picles*
craque *filme* *pingue-pongue*
críquete *flertar* *ponche*
dáblio *flerte* *pônei*
dândi *folclore* *pôquer*
debênture *formulário contínuo* *recorde*
deflação *futebol* *reide*
desfibrilação *futevôlei* *repórter*
destróier *futsal* *ringue*
detectar *gângster* *rosbife*
detetive *gim* *soçaite*
disquete *gol* *suéter*
dólar *golfe* *suingue*
drinque *grogue* *surfe*
escâner *hipertexto* *tanque*
escore *iate* *teipe*
escrete *jérsei* *tênder*
eslaide *jipe* *testar*
esnobe *jóquei* *teste*
esporte *júri* *time*
esqueite *lanche* *tobogã*
esquete *lanchonete* *truísmo*
esqui *líder* *truste*
estafe *lincagem* *tuíste*
estande *locaute* *turfe*
esterlina *lorde* *uísque*
estoque *macadame* *vagão*
estresse *náilon* *voleibol*
factual *pêni* *zíper*

PALAVRAS DE ORIGEM ITALIANA (ITALIANISMOS)

cassino	libreto	ravióli
cicerone	mezanino	ricota
confete	minueto	risoto
diletante	mortadela	ritornelo
espaguete	mozeta	saltarelo
grupeto	nhoque	tchau
largueto	paleta	terceto
lasanha	pitoresco	terracota
lazareto	pizicato	vendeta
lazarone	raconto	vilegiatura

PALAVRAS DE OUTRAS ORIGENS

bôer (hol.)	guímel (hebr.)	hinterlândia (al.)
gêiser (isl.)	haicai (jap.)	quibe (ar.)
gnaisse (al.)	haraquiri (jap.)	quimono (jap.)
gueixa (jap.)	heureca (gr.)	tcheco (var. checo)

b) Se a palavra estrangeira ainda não estiver aportuguesada, use-a na forma do idioma de origem entre aspas ou em grifo e, se manuscrita, sublinhada. Exemplos:

DA LÍNGUA INGLESA

air bag	beagle	byte
apartheid	beatnik	call center
approach	best-seller	camping
baby sitter	blacktie	catering
back-up	blazer	cd player
background	boiler	cd-rom
bacon	boom	charter
band aid	borderline	check-in
banner	bye-bye	checkout

checklist
clinch
close
comics
commodity
country
cover
crack
crooner
cult
dancing
dark
default
delivery
derby
design
designer
diet
disk drive
display
dockside
dopping
download
drag queen
drive-in
e-mail
establishment
factoring
fair play
fashion
fast food
fax-modem
feed-back
ferry-boat
flash-back
flat
fog

footing
free shop
free-lance
freezer
funk
gadgets
gay
globe-trotter
goal-average
hacker
hall
hamster
handicap
happening
happy hour
high-tech
holding
home care
iceberg
impeachment
imput
insight
internet
jazz
jeans
jingle
jogging
jukebox
kart
ketchup
kilt
kit
kitsch
kiwi
know-how
laptop
laser

leasing
log in
living
lifting
long-play
low profile
making of
marketing
match point
meeting
merchandising
mouse
music-hall
must
network
new-look
no-show
office-boy
ombusdman
online
openmarket
outdoor
overbooking
pager
pedigree
peeling
performance
personal trainer
piercing
pit bull
pitstop
play-boy
playback
play-ground
pool
pop
pop-star

pop art	short	top model
printer	side-car	trailer
promoter	sitcom	trainee
punk	skype	underground
rafting	slogan	upgrade
rap	slow-motion	up-to-date
rave	smoking	waffle
reality show	software	walkie-talkie
release	song book	warrant
remix	spot	water-close
replay	spread	water-polo
round	standard	watt
royalty	steeple-chase	web designer
rugby	stent	week-end
rush	striptease	yuppie
scanner	take	zapping
shopping center	tape	zoom

DA LÍNGUA FRANCESA

berceuse	frisson	réveillon
boutade	garçonnière	savoir-faire
bricolage	gauche	savoir-vivre
bricoleur	laissez-faire	soirée
bureau	laissez-passer	surmenage
causeur	ménage	sursis
coulomb	mignon	tournée
débâcle	nouveau-riche	vaudeville
démarche	ouverture	vernissage
détente	peignoir	videocassette
enjambement	pot-pourri	vis-à-vis
enquête	premier	volt
flamboyant	prêt-à-porter	

DE OUTROS IDIOMAS

bat mitzvah (hebr.)	kibutz (hebr.)	lied (al.)
blitz (al.)	kitsch (al.)	pizza (it.)
ersatz (al.)	kosher (iídiche)	rallentando (it.)
far-niente (it.)	kümmel (al.)	sforzando (it.)
gauss (al.)	leitmotiv (al.)	Yom Kippur (hebr.)

c) Nas palavras derivadas de nomes próprios estrangeiros mantém-se a grafia do idioma de origem, acrescida da terminação em português. Exemplos:

bachiano	(de Bach)
beethoveniano	(de Beethoven)
byroniano, byronismo	(de Byron) (pronúncia: /baironiano/)
comtiano	(de Comte)
freudiano, freudismo	(de Freud) (pronúncia: /fróidiano/, /fróidismo/)
garrettiano	(de Garrett)
goethiano	(de Goethe) (pronúncia: /guêtiano/)
hegeliano, hegelianismo	(de Hegel) (pronúncia: com h aspirado)
hoffmânico	(de Hoffman) (pronúncia: com *h* aspirado)
kantiano	(de Kant)
malherbiano	(de Malherbe) (pronúncia: /malherbiano/)
malthusiano	(de Malthus)
milleriano	(de Miller)
mülleriano	(de Müller)
neokantismo	(de Kant)
offenbachiano	(de Offenbach)
pasteurizar, pasteurização	(de Pasteur)
proudhoniano	(de Proudhon) (pronúncia: /prudoniano/)
proustiano	(de Proust) (pronúncia: /prustiano/)
rabelaisiano	(de Rabelais) (pronúncia: /rabelesiano/)

rembrantesco	(de Rembrant) (pronúncia: /*rembrantesco*/)
shakesperiano	(de Shakespeare) (pronúncia: /*cheikispieriano*/)
taylorismo	(de Taylor) (pronúncia: /*teilorismo*/)
wertheriano	(de Werther) (pronúncia: /*vérteriano*/)

d) É recomendável que os topônimos de línguas estrangeiras sejam substituídos, na medida do possível, por formas vernáculas, quando estas sejam antigas e ainda vivas na língua portuguesa ou quando entrem ou possam entrar no uso corrente. Para identificar os que se enquadrem em tal configuração, consultem-se obras especializadas. Exemplos:

Antuérpia, em lugar de *Anvers.*
Cherburgo, em lugar de *Cherburg.*
Garona, em lugar de *Garonne.*
Genebra, em lugar de *Genève.*
Jutlândia, em lugar de *Jutland.*
Colônia, em lugar de *Köln.*
Milão, em lugar de *Milano.*
Munique, em lugar de *München.*
Nova Iorque, em lugar de *New York.*
Nova Jérsei, em lugar de *New Jersey.*
Nova Orleães, em lugar de *New Orleans.*
Turim, em lugar de *Torino.*
Veneza, em lugar de *Venezia.*
Zurique, em lugar de *Zürich.*

A LETRA H

Não corresponde a nenhum fonema. É usada, por tradição histórica, de acordo com as regras anteriores, referendadas pelo AOLP.

1. H inicial:

a) Permanece, em um número significativo de palavras, em função da etimologia. Exemplos:

hábito	hemorragia	hinterlândia
hachurar	hemorroidas	hipérbole
hagiografia	hendecassílabo	hipismo
haicai	hepático	hipocondria
Haiti	heptassílabo	hipocrisia
hálito	hera	hipódromo
halo	herança	hipófise
haltere	herbáceo	hipopótamo
hangar	herdar	hipoteca
haraquiri	herege	hipotenusa
haras	hermenêutica	hipótese
harmonia	hermético	hirsuto
harpa	hérnia	hispanismo
harpia	hertziano	hissope
haste	hesitar	histeria
haurir	heureca	histologia
hausto	hiato	histrião
Havaí	hibernal	hitita
Havana	híbrido	hodierno
haver	hidra	hoje
haxixe	hidrato	holofote
hebdomadário	hidráulico	hombridade
hectare	hidrogênio	homenagem
hectograma	hiena	homeopatia
hediondo	hierarquia	homicida
hedonismo	hierografia	homilia
Helesponto	hífen	homogêneo
hélice	higiene	homologar
hélio	higrômetro	homônimo
hemeroteca	hilaridade	Honduras
hemisfério	himeneu	honesto
hemofilia	hinário	honorários
hemograma	hindu	honra

horário	*horta*	*hostil*
horda	*hortelã*	*hotel*
horizonte	*horto*	*hotentote*
hormônio	*hóspede*	*hulha*
horóscopo	*hospício*	*humano*
horripilar	*hospital*	*humor*
horror	*hóstia*	*húmus*

b) Suprime-se, quando, mesmo justificado pela etimologia, foi eliminado pelo uso. Exemplos: *erva, ervaçal, ervado, ervanaria, ervanário, ervateiro.*

⮕ *LEMBRETE*

✦ Os compostos com o elemento *herb(i)-* mantêm o *h*: *herbicida, herbífero, herbiforme, herbivoraz, herbívoro, herbóreo, herborista. Herbanário* e *herboso* admitem as variantes paralelas *ervanário* e *ervoso.*

2. H medial — é usado em três situações:

a) Em palavras formadas por elementos ligados por hífen, quando figura no início do segundo. Exemplos:

ante-histórico	*arqui-hipérbole*	*psico-história*
anti-herói	*auto-hemoterapia*	*semi-homum*
anti-hidrofóbico	*extra-humano*	*sobre-humano*
anti-higiênico	*neo-hegeliano*	*sub-horizonte*
anti-histamínico	*pré-história*	*super-hidratação*
anti-histórico	*proto-homem*	*super-homem*
anti-horário	*pseudo-história*	*super-humano*

Quando, apesar da etimologia, a supressão do *h* está totalmente consagrada pelo uso, o hífen deixa de ser usado. Exemplos:

desarmonia	inábil	reabilitação
desarmonizar	inabilidade	reabilitar
desumano	inabitável	reabituar
exaurir	inumano	reaver
filarmônica	lobisomem	transumano

Excetuam-se casos tradicionalmente consagrados, que admitem variantes aglutinadas. Exemplo: *bi-hebdomadário/biebdomadário*.

b) Nos dígrafos *ch*, *lh*, *nh*. Exemplos:

a**ch**ar	**ch**orar	mi**lh**o
a**ch**ega	**ch**over	mo**lh**o
ani**nh**ar	**ch**usma	ne**nh**um
cami**nh**o	enve**lh**ecer	o**lh**udo
chatice	fa**lh**ar	so**nh**o
chinela	ma**lh**a	vi**nh**edo

c) Por tradição, no nome do estado da *Bahia*.

3. H final — usa-se:

a) Nas interjeições, por convenção:

ah! eh! ih! oh! uh! puh!

➲ *LEMBRETE*

✦ A interjeição *oh* expressa admiração, surpresa, espanto; a interjeição *ó* indica apelo, chamamento.

b) Em certos nomes próprios, por opção. Exemplos:

Anah
Dinorah
Elisabeth
Mariah

As terminações *ch*, *ph* e *th* dos nomes próprios de origem hebraica, respeitada a opção pessoal do registro civil, podem ser:

a) Mantidas ou simplificadas:

Baruch/Baruc
Loth/Lot
Moloch/Moloc
Ziph/Zif

b) Suprimidas, se necessariamente mudas:

José (cf. *Joseph*)
Nazaré (cf. *Nazareth*)

c) Adaptadas:

Judite (cf. *Judith*)
Elizabete (cf. *Elizabeth*)

A LETRA J

Diante de *e* e de *i* divide com o *g* a representação de fonema da mesma natureza.

1. É útil observar que se mantém nos derivados quando está presente nas palavras de origem. Exemplos:

      ajeitar   (cf. *jeito*)
      anjinho   (cf. *anjo*)
      cervejeiro (cf. *cerveja*)

desajeitado	(cf. *jeito*)
enrijecer	(cf. *rijo*)
gorjear	(cf. *gorja*)
granjeiro	(cf. *granja*)
igrejinha	(cf. *igreja*)
laranjeiro	(cf. *laranja*)
laranjinha	(cf. *laranja*)
lisonjear	(cf. *lisonja*)
lisonjeiro	(cf. *lisonja*)
lojeca	(cf. *loja*)
lojinha	(cf. *loja*)
lojista	(cf. *loja*)
manjedoura	(cf. *manjar*)
rijeza	(cf. *rijo*)
sabujice	(cf. *sabujo*)
sujeira	(cf. *sujo*)
sujidade	(cf. *sujo*)
varejista	(cf. *varejo*)
viaje	(cf. v. *viajar*)
viajem	(cf. v. *viajar*)

EXCEÇÃO

bajeense (cf. *Bagé*)

➲ *LEMBRETES*

a) O *g* de *angélico, angelical* deve-se à presença do radical em sua forma latina *angelicum*.

b) *Gorja* é sinônimo de garganta.

c) *Rigidez* deriva de *rígido*.

d) *Viagem*, substantivo, mantém o *g* da origem. Atenção no homônimo *viajem*, forma do verbo *viajar*. Compare:

Meus amigos estão de **viagem** marcada para Teresina.

Espero que **viajem** no inverno.

2. Registre o seu uso em algumas palavras:

ajeru (planta indiana; espécie de papagaio)	*jequitaia*	*lajeola*
	jequitibá	*majestade*
	Jericó	*majestoso*
alforje	*jerimum*	*manjericão*
berinjela	*jérsei*	*manjerona*
caçanje	*jia*	*mujique*
cafajeste	*jiboia*	*ojeriza*
canjerê	*jiló*	*pajé*
canjica	*jiquipanga*	*pajeada*
granjear	*jirau*	*pajear*
injeção	*jitirana*	*pajelança*
intrujice	*laje*	*pegajento*
jê (família linguística)*	*lajeado*	*sujeito*
	lajeador	*traje*
jeito	*lajeamento*	*trejeitador*
jejum	*lajeão*	*trejeitear*
jenipapo	*lajear*	*trejeito*
jequiri	*lajedo*	*ultraje*

A LETRA G

1. É predominante em substantivos terminados em *-agem, -igem, -ugem*:

*A adolescência é um ritual de pass****agem***.

*Viagens marítimas costumam provocar vert****igem***.

*Ninguém resiste à ferr****ugem*** *do tempo.*

---

*Cf. gê, nome da letra.

EXEMPLOS:

agio**tagem**	grilh**agem**	poet**agem**
aparelh**agem**	homen**agem**	politic**agem**
ar**agem**	lan**ugem**	porcent**agem***
armazen**agem**	libidin**agem**	rab**ugem**
aterriss**agem**	mascat**agem**	ram**agem**
bab**ugem**	mass**agem**	rins**agem**
cont**agem**	mens**agem**	sals**ugem**
cor**agem**	mestiç**agem**	terraplan**agem****
demarr**agem**	mic**agem**	vadi**agem**
fre**agem**	mir**agem**	vaqueir**agem**
ful**igem**	or**igem**	vassal**agem**
fusel**agem**	parol**agem**	vir**agem**
gar**agem**	past**agem**	vis**agem**
gril**agem**	pen**ugem**	volt**agem**

EXCEÇÕES

lajem (var. laje)
lambujem (var. lambuja)
pajem

2. Usa-se em substantivos terminados em **-ágio, -égio, -ígio, -ógio, -úgio**:

A vida é um presente régio: aproveite todos os estágios.
As paixões costumam esvanecer-se sem deixar vestígios.

EXEMPLOS:

ad**ágio**	col**égio**	prest**ígio**
apan**ágio**	egr**égio**	rem**ígio**
cont**ágio**	privil**égio**	rel**ógio**
pl**ágio**	sortil**égio**	ref**úgio**
press**ágio**	subterf**úgio**	fast**ígio**

---

*Variante: percentagem.
**Variante: terraplenagem.

3. Registre a presença do *g* em outras palavras:

agiota	*esfinge*	*meningite*
álgebra	*estrangeiro*	*monge*
algema	*evangelho*	*nevralgia*
Algés	*exegese*	*ogiva*
algia	*falange*	*perigeu*
algibe	*faringe*	*rabugento*
algibebe	*frege*	*regurgitar*
algibeira	*frigideira*	*sege*
algidez	*frigidez*	*silogeu*
álgido	*frígido*	*tânger*
angelim	*frigir*	*tangerina*
angico	*gelosia*	*tigela*
angina	*gengibre*	*tugir*
apogeu	*gengiva*	*turgido*
Argel	*gergelim*	*urgir*
argênteo	*geringonça*	*vagido*
argila	*ginete*	*vigência*
auge	*ginja*	*vigente*
bugiganga	*herege*	*viger*
congestionar	*hígido*	*vigilância*
drágea	*ingurgitar**	*vilegiatura*
efígie	*megera*	*zoofágico*
égide	*meninge*	*zoógeno*

A LETRA C

Diante de *e* e de *i*, divide com *s*, *ss*, *ç* e *x* a representação de fonema da mesma natureza.

1. É útil observar que é usada em verbos terminados em *-ecer*:

*O alvor**ecer** da vida é um aqu**ecer** de esperanças.*
*Envelh**ecer** é entard**ecer** lembranças.*

---

*Variante não preferível: *engurgitar*.

Confira

agrad**ecer**	car**ecer**	espair**ecer**
alvor**ecer**	desfal**ecer**	fal**ecer**
amadur**ecer**	empobr**ecer**	fortal**ecer**
amanh**ecer**	encan**ecer**	respland**ecer**
anoit**ecer**	endoid**ecer**	reverd**ecer**
apar**ecer**	enrij**ecer**	t**ecer**
arref**ecer**	envil**ecer**	umed**ecer**

2. Registre a sua presença em outros vocábulos:

a**c**elga	**c**ercear	**c**imo
a**c**ém	**c**erne	**c**inamomo
a**c**epipe	**c**erviz	**c**incerro
a**c**erbo	**c**erzir	**c**irro
a**c**ervo	**c**etim	**c**issiparidade
a**c**inte	**c**etineta	**c**isto
ali**c**erce	**c**etinoso	**c**itobiologia
carran**c**ismo	**c**iberespaço	Es**c**ócia
celeuma	**c**ibório	ob**c**ecar
cenho (expressão severa)	**c**iciar	per**c**evejo
	cicio	tor**c**edura
cenóbio	**c**iclamato	
cenobita	**c**icuta	

Compare:

acessório (suplementar) com *assessório* (assistente);

censo (recenseamento) com *senso* (juízo);

cerrado (fechado, espesso, tipo de mata) com *serrado* (cortado com serra ou serrote);

cessação (ação ou efeito de cessar) com *sessação* (ato de peneirar);

cevar (dar ou ingerir alimento) com *sevar* (ralar);

cidra (bebida) com *sidra* (fruto da cidreira).

O Ç (CÊ-CEDILHADO)

Para usá-la com segurança, cumpre conhecer os vocábulos.

Confira em alguns exemplos:

absorção	boçal	jararacuçu
abstenção	caçanje	licença
acaçapar	caçarola	linguiça
açafate	caçula	maçaneta
açafrão	caiçara	maçaranduba
açaí	camurça	maçarico
açambarcar	canguçu	maniçoba
acepção	cansanção	menção
açodado	caraça	miçanga
açodamento	caravançará	moçambicano
acoroçoar	carrança	moção
açúcar	cessação	moçárabe
açucena	coação	monção
açude	coleção	movediço
açular	comborça	muçambé
adoção	compunção	muçulmano
alcaçuz	consumpção*	muçum
alçaprema	contorção	muçurana
alçar	dança	munição
alicerçar	dançar	muriçoca
almaço	descoroçoar	negaça
alocução	encenação	obcecação
araçá	enguiço	orçar
araçoara	eriçar	paçoca
arção	erupção	painço
asserção	espicaçar	paliçada
assunção	estremeção	pança
atenção	exibição	peça
beça (à)	inserção	peliça
berço	jaçanã	piaçaba**

*Variante: *consunção*.
**Variante: *piaçava*.

presunção   *quiçaba*   *ruçar*
prevenção   *roçagar*   *saçaricar*
quiçá   *roçar*   *Suíça*

A LETRA S

Partilha valores fônicos

1. com as letras **x** e **z**:

a) No interior dos vocábulos: *analisar, obséquio, trânsito, besouro, besuntar.* (Compare com *exalar, exemplo, êxito, exorbitar, exuberância; autorizar, azedo, buzina, azorrague, búzio.*)

b) No final de vocábulos: *atrás, através, lápis, retrós, jus.* (Compare com *Félix, feux; assaz, jaez, matiz, goz, luz.*)

2. Com *ss, c, ç* e *x,* como representante de fonemas sibilantes surdas: *ânsia, simpatia, valsa, salsa.*

Associa-se à letra *c,* em função da etimologia, na formação do dígrafo *sc*: *acrescentar, descendente, abscissa.*

Facilita saber, em relação aos dois primeiros casos, que se usa:

1. Nos títulos de nobreza:

*Uma famosa **duquesa** costumava sair sempre às cinco horas.*
*Ainda existem **baronesas** no Brasil?*
*Quem se lembra do último **marquês** do Império?*
*A **dogesa** saudou discretamente os turistas da Praça de São Marcos.*
*A **princesa** encantou o mundo.*

2. Nos adjetivos pátrios terminados em **-ês, -eses, -esa, esas**. Observe que são cognatos dos **substantivos** que nomeiam os respectivos países:

*O ano de 2008 marcou o centenário da imigração **japonesa** no Brasil.
O governo **português** aprovou o Acordo Ortográfico.
Livros **franceses** são frequentes nas universidades brasileiras.*

Confira:

*dinamarqu**ês**, dinamarqu**esa**, dinamarqu**eses**, dinamarqu**esas***	(cf. Dinamarca)
*escoc**ês**, escoc**esa**, escoc**eses**, escoc**esas***	(cf. Escócia)
*finland**ês**, finland**esa**, finland**eses**, finland**esas***	(cf. Finlândia)
*franc**ês**, franc**esa**, franc**eses**, franc**esas***	(cf. França)
*genov**ês**, genov**esa**, genov**eses**, genov**esas***	(cf. Gênova)
*holand**ês**, holand**esa**, holand**eses**, holand**esas***	(cf. Holanda)
*ingl**ês**, ingl**esa**, ingl**eses**, ingl**esas***	(cf. Inglaterra)
*irland**ês**, irland**esa**, irland**eses**, irland**esas***	(cf. Irlanda)
*japon**ês**, japon**esa**, japon**eses**, japon**esas***	(cf. Japão)
*javan**ês**, javan**esa**, javan**eses**, javan**esas***	(cf. Java)
*noruegu**ês**, noruegu**esa**, noruegu**eses**, noruegu**esas***	(cf. Noruega)
*portugu**ês**, portugu**esa**, portugu**eses**, portugu**esas***	(cf. Portugal)
*siam**ês**, siam**esa**, siam**eses**, siam**esas***	(cf. Sião)
*tirol**ês**, tirol**esa**, tirol**eses**, tirol**esas***	(cf. Tirol)
*veron**ês**, veron**esa**, veron**eses**, veron**esas***	(cf. Verona)

3. Nos sufixos **-ês, -esa, -esia, -isa** dos derivados de substantivos:

*Educação e **cortesia** não fazem mal a ninguém.*
*A jovem poetisa adorou a "Ode ao **burguês**", poema de Mário de Andrade.*

EXEMPLOS:

burguês, burguesa, burguesia	(cf. burgo)
camponês, camponesa, camponeses, camponesas	(cf. campo)
cortês, corteses, cortesia	(cf. corte)
maresia	(cf. maré)
montanhês, montanheses	(cf. monte)
montês, monteses	(cf. monte)
pedrês	(cf. pedra)
sacerdotisa, sacerdotisas	(cf. sacerdote)

EXCEÇÃO

clerezia (cf. clero)

4. Nas formas dos verbos pôr e querer e seus compostos: **(apor, compor, contrapor, dispor, impor, propor, benquerer, malquerer)**:

*Onde **pus** as esperanças as rosas nunca murcharam.*
*Se você **quisesse**, e se **dispusesse**, eu faria de você uma princesa.*

Confira:

Pretérito perfeito do indicativo	Pretérito mais-que-perfeito do indicativo	Pretérito imperfeito do subjuntivo	Futuro do subjuntivo
pus	*pusera*	*pusesse*	*puser*
puseste	*puseras*	*pusesses*	*puseres*
pôs	*pusera*	*pusesse*	*puser*
pusemos	*puséramos*	*puséssemos*	*pusermos*
pusestes	*puséreis*	*pusésseis*	*puserdes*
puseram	*puseram*	*pusessem*	*puserem*
quis	*quisera*	*quisesse*	*quiser*
quiseste	*quiseras*	*quisesses*	*quiseres*
quis	*quisera*	*quisesse*	*quiser*
quisemos	*quiséramos*	*quiséssemos*	*quisermos*
quisestes	*quiséreis*	*quisésseis*	*quiserdes*
quiseram	*quiseram*	*quisessem*	*quiserem*

➲ **LEMBRETES**

✦ O verbo requerer

a) é regular nesses mesmos tempos:

Pretérito perfeito do indicativo	Pretérito mais-que-perfeito do indicativo	Pretérito imperfeito do subjuntivo	Futuro do subjuntivo
requeri	*requerera*	*requeresse*	*requerer*
requereste	*requereras*	*requeresses*	*requereres*
requereu	*requerera*	*requeresse*	*requerer*
requeremos	*requerêramos*	*requerêssemos*	*requerermos*
requerestes	*requerêreis*	*requerêsseis*	*requererdes*
requereram	*requereram*	*requeressem*	*requererem*

b) tem ***requeiro*** como 1ª pessoa do presente do indicativo e mantém esse mesmo radical nos demais tempos que o acompanham na conjugação – o presente do subjuntivo e o imperativo:

Presente do subjuntivo	Imperativo
requeira	—
requeiras	*requere*
requeira	*requeira*
requeiramos	*requeiramos*
requeirais	*requerei*
requeiram	*requeiram*

Benquerer e **malquerer** têm, como particípio, **benquisto** e **malquisto**.

5. Em substantivos de origem grega terminados em **-ase**, **-ese**, **-ise**, **-ose**:

> A **próclise** é um fenômeno fonético: consiste na subordinação de um vocábulo ao acento tônico de outro que vem depois dele.
>
> Depois da plástica, foi surpreendente a **metamorfose** do temperamento da jovem senhora.

Exemplos:

fase	*apófise*	*artrose*
catequese	*catálise*	*diagnose*
diocese	*diálise*	*metempsicose*
diurese	*ênclise*	*morfose*
mímese	*hemodiálise*	*neurose*
síntese	*mesóclise*	*osmose*
análise	*apoteose*	*simbiose*

6. Em palavras derivadas em que o termo de origem é escrito com **s**:

> O **narcisista** é um encantado consigo mesmo. (cf. Narciso)
>
> A recessão do mercado assusta o **empresariado**. (cf. empresário)

EXEMPLOS:

aburguesar	(cf. *burguês*)	*guloseima*	(cf. *guloso*)
abusivo	(cf. *abuso*)	*intrusão*	(cf. *intruso*)
afrancesar	(cf. *francês*)	*irrisório*	(cf. *irrisão*)
afreguesar	(cf. *freguês*)	*lapiseira*	(cf. *lápis*)
alusivo	(cf. *alusão*)	*lapisinho*	(cf. *lápis*)
analisável	(cf. *análise*)	*lesionar*	(cf. *lesão*)
ananaseiro	(cf. *ananás*)	*lesivo*	(cf. *lesão*)
blusinha	(cf. *blusa*)	*magnesiano*	(cf. *magnésia*)
braseiro	(cf. *brasa*)	*mesário*	(cf. *mesa*)
brasileiro	(cf. *Brasil*)	*narcisismo*	(cf. *Narciso*)
cataguasense	(cf. *Cataguases*)	*obesidade*	(cf. *obeso*)
descamisado	(cf. *camisa*)	*ourivesaria*	(cf. *ourives*)
dosar	(cf. *dose*)	*ousadia*	(cf. *ousado*)
empresar	(cf. *empresa*)	*pêsames*	(cf. *pesar*)
esbrasear	(cf. *brasa*)	*prosaico*	(cf. *prosa*)
escusável	(cf. *escusa*)	*recusável*	(cf. *recusa*)
formosura	(cf. *formoso*)	*sopesar*	(cf. *peso*)
fraseado	(cf. *frase*)	*televisar**	(cf. *televisão*)
fraseologia	(cf. *frase*)	*Teresópolis*	(cf. *Teresa*)
freguesia	(cf. *freguês*)	*teresopolitano*	(cf. *Teresópolis*)
gasoso	(cf. *gás*)	*tesourar*	(cf. *tesoura*)

EXCEÇÃO

catequizar   (cf. *catequese*)

---

*Var. *televisionar.*

LEMBRETE

+ É útil ainda registrar que se escrevem com **s** os seguintes vocábulos, entre outros:

abusar	camiseta	lasanha
aceso	campesino	lesa
aguarrás	caserna	leso
aliás	catrapus	lis
amásio	cisalpino	liso
ambrosia	cisandino	losango
analisar	coesão	lousa
anestesia	colisão	luso
anis	Coliseu	maisena
anisete	comiseração	manganês
ânsia	conversão	maresia
após	defesa	mês
apresar	empresa	meseta
ardósia	farsa	pesquisa
arrasar	frenesi (ou frenesim)	pretensão
artesanato	frisar	represa
artesania	gelosia	resedá
artesão	glosa	resíduo
asa	groselha	resignação
ascensão	gusa	retesar
asilo	gusano	retransido
aspersão	heresia	retrasado
atrás	hesitar	retrós
atrasar	ileso	retrovisor
através	improviso	sassafrás
besouro	infusão	semifusa
besuntar	intruso	sésamo
bisar	invés	setemesinho
bisonho	irrisão	sinestesia
blusa	irrisório	Sintra
brasa	jus	sinusite
brasão	jusante	siso
Brasil	lapisinho	sobremesa

sopesar	*transação*	*vaselina*
sósia	*transe*	*vasilha*
surpresa	*transido*	*vaso*
suserano	*trás*	*vesano*
tisana	*través*	*viés*
torquês	*tresandar*	*visionário*
tosar	*useiro*	

Compare:

coser (costurar) com *cozer* (cozinhar);

traz (forma verbal) com *trás* (advérbio e preposição).

Crisântemo admite pronúncia também como paroxítono: *crisantemo*.

⇨ LEMBRETE

✦ Com relação ao dígrafo **sc**, registre alguns exemplos:

abscesso	*crescente*	*fascículo*
abscissa	*crescer*	*fascinante*
acrescentar	*crescimento*	*fascinar*
acréscimo	*descendência*	*fascínio*
adolescência	*descendente*	*fascismo*
adolescente	*descender*	*fescenino*
apascentar	*descer*	*florescência*
aquiescência	*descida*	*florescer*
aquiescer	*discente*	*imarcescível*
arborescer	*discernimento*	*imprescindível*
concupiscência	*discernir*	*incandescência*
condescendência	*disciplina*	*incandescente*
consciência	*discípulo*	*incandescer*
cônscio	*efervescência*	*inflorescência*
convalescença	*enflorescer*	*intumescer*
convalescente	*enrubescer*	*inturgescer*
convalescer	*fasciculado*	*irascível*

iridescente	nascer	remanescente
isósceles	néscio	reminiscência
lascívia	obsceno	renascença
lascivo	onisciência	renascer
liquescer	piscicaptura	renascimento
luminescência	piscicultura	rescindir
marcescível	piscina*	rescisão
maturescência	plebiscito	rescisório
miscelânea	presciência	ressuscitar
miscigenação	prescindir	revivescer
miscível	proscênio	subconsciência
nascença	recrudescência	suscitar

A LETRA X

Costuma provocar vacilações no uso por força de dividir com *s, ss, c, ç, z* e *ch* a representação de distintos fonemas, além de corresponder ao duplo /ks/. Exemplos:

*O velho filólogo entregou-se com **paixão** ao estudo da **sintaxe** medieval.* (/ch/, /ss/)
*O **exame** de manuscritos raros trouxe ao pesquisador o **máximo** de compensação.* (/z/, /ss/)
*Sua alegria era um **reflexo** de sua felicidade.* (/ks/)

O AOLP destaca um procedimento:

Usa-se *s* e não *x* depois de *i* e de *u*, em final de sílaba que não seja final de palavra: *misto, sistino, justalinear, justapor, justaposição.*

---

*Cf. picina: glicosídeo.

⮕ LEMBRETE

+ Na prática do uso do *x*, o mais adequado é conhecer os vocábulos, tendo-se em mente que as palavras da mesma família etimológica, salvo raras exceções, são fiéis à grafia comum. Exemplos:

a) de vocábulos em que o *x* equivale ao **/s/** intervocálico ou ao **/z/**

exagerar	*exercício*	*exortar*
exalar	*exercitar*	*exótico*
exaltar	*exército*	*exuberante*
examinar	*exibição*	*êxul*
exangue	*exibir*	*exultar*
exarar	*exigência*	*exumação*
exasperar	*exigir*	*exumar*
exatidão	*exíguo*	*inexatidão*
exaurir	*exílio*	*inexato*
exaustão	*exímio*	*inexaurível*
exausto	*existir*	*inexecutável*
execução	*êxito*	*inexigível*
executar	*exonerar*	*inexistência*
exemplo	*exorbitar*	*inexistente*
exequível	*exorcismo*	*inexorabilidade*
exercer	*exornar*	*inexorável*

b) de vocábulos em que o *x* equivale ao *ch* de palavras como *achar* (representa a consoante palatal)

afrouxar	*bauxita*	*Caxambu*
almoxarife	*bexiga*	*Caxangá*
anexim	*bruxulear*	*Caxemira*
atarraxar	*caixão*	*caxinguelê*
axorca	*caixilho*	*caxumba*
baixel	*cambaxirra*	*coaxar*
baixela	*capixaba*	*coxa*
baixio	*Cartuxa*	*coxia*

coxim	faixa	morubixaba
debuxo	faxina	muxoxo
deixa	faxinal	oxalá
deixar	feixe	paxá
desenxabido	fixe	pexerril
desleixo	frouxo	pintarroxo
eixo	graxa	pixaim
elixir	guaxo	pixotada
encaixe	gueixa	pixote
enfaixar	haxixe	praxe
enfeixar	Hiroxima	puxador
engraxar	jinquirixá	puxa-puxa
enxada	lagartixa	Quixadá
enxaguar	laxante	Quixeramobim
enxame	laxo	Quixote
enxaqueca	lixa	relaxar
enxergão	lixívia	remelexo
enxergar	lixo	remexer
enxerir	luxar	repuxar
enxertar	Luxemburgo	rixa
enxó	luxo	rouxinol
enxofre	luxúria	roxo
enxotar	macaxeira	seixo
enxoval	madeixa	taxa
enxovalhar	malgaxe	tixugo
enxovia	maxixe	trouxa
enxugar	mexer	trouxe-mouxe
enxúndia	mexerico	tuxaua
enxurrada	mexilhão	vexado
enxuto	mixaria	vexame
Erexim	mixórdia	xampu
esdrúxulo	mixuruca	xícara

c) de vocábulos em que o *x* equivale a /**ks**/

amplexo	anexar	auxese
anaptixe	asfixia	axila

axiologia	*gloxínia*	*pirex*
axiômetro	*heterodoxia*	*píxide*
bórax	*heterodoxo*	*profilaxia*
boxe	*hexassílabo*	*prolixidade*
boxeador	*índex*	*prolixo*
caquexia	*inflexível*	*proparoxítono*
clímax	*intoxicar*	*protóxido*
complexo	*látex*	*proxeneta*
conexão	*léxico*	*reflexão*
convexo	*lexicografia*	*refluxo*
córtex	*lexicologia*	*saxão*
crucifixo	*marxismo*	*saxífraga*
dexiorcadia	*marxista*	*saxofone*
dislexia	*maxilar*	*saxônio*
doxógrafo	*máxime*	*sexagenário*
doxologia	*nexo*	*sexo*
durex	*obnóxio*	*sílex*
filoxera	*ônix*	*telex*
fixo	*ortodoxia*	*tórax*
flexão	*óxido*	*tóxico*
flexibilidade	*oxítono*	*toxina*
flexuoso	*paradoxo*	*triplex*
flox	*parataxe*	*uxoricida*
fluxo	*paroxítono*	*vexilo*
genuflexão	*perplexo*	*xerox*

O DÍGRAFO CH

Na prática, o mais adequado é conhecer os vocábulos em que é usado. Não se esqueça de que os cognatos mantêm a fidelidade gráfica à família etimológica. Exemplos:

a*ch*acar	an*ch*o	aze*ch*e
a*ch*aque	apa*ch*e	babu*ch*a
a*ch*ar	apetre*ch*o	ba*ch*arel
a*ch*incalhar	ar*ch*ote	bel*ch*ior

beliche	*charanga*	*colchete*
bochecha	*charão*	*comichar*
bolacha	*charco*	*concha*
bolchevique	*charlatão*	*conchavo*
bombacha	*charolês*	*concho*
bonachão	*charque*	*coqueluche*
brecha	*charrua*	*coruchéu*
broche	*charuto*	*cupincha*
bucha	*chave*	*debochar*
cabrocha	*chávena*	*desabrochar*
cachaça	*chicana*	*desfechar*
cachaço	*chicória*	*despachar*
cachimbo	*chicote*	*ducha*
cachimônia	*chilique*	*encharcar*
cachoeira	*chimíer*	*enchumaçar*
cachola	*chique*	*endecha*
cachopa	*chiqueiro*	*escabeche*
cachucha	*chiste*	*escarafunchar*
cambalacho	*choça*	*escorchar*
capacho	*chocalho*	*esguichar*
capincho	*chocarreiro*	*espichar*
capucho	*chofre*	*estrebuchar*
caramanchão	*choldra*	*fantoche*
carochinha	*chorrilho*	*fetiche*
carrapicho	*chuchu*	*ficha*
chacina	*chucrute*	*flecha*
chacoalhar	*chulé*	*frincha*
chacota	*chulear*	*garrancho*
chafariz	*chumaço*	*garrucha*
chafurdar	*chusma*	*guache*
chalaça	*chute*	*guincho*
chalé	*cochicho*	*hachurar*
chaleira	*Cochinchina*	*iídiche*
chamariz	*cochinila*	*malacacheta*
chambre	*colcha*	*mecha*
chamego	*colchão*	*pachorra*
chaminé	*colcheia*	*pecha*

pe**ch**incha	re**ch**açar	salsi**ch**a
pedin**ch**ão	repro**ch**ar	tro**ch**o
pi**ch**e	ricoche**t**ear	u**ch**aria
pin**ch**ar	rin**ch**ar	vulga**ch**o

Compare:

arrochar: fixar, apertar   *arroxar*: tornar roxo
cacho: conjunto de flores ou frutos   *caxo*: o mesmo que caixa
cartucho: invólucro de forma cônica   *cartuxo*: relativo à ordem religiosa
chiba: cabrita; tipo de bolha; corcunda *xiba*: baile popular
coche: carruagem   *coxe*: canoa

A LETRA Z

Possibilita, também, com base na etimologia das palavras, algumas regras práticas.

USA-SE:

1. Nos sufixos **-ez, -eza** das palavras derivadas de adjetivos:

A **riqueza** das civilizações americanas estimulou a ação dos colonizadores. (cf. *riqueza/rico*)

Os viajantes enfrentaram a **aridez** do deserto, estranha **beleza**, sequiosa de chuvas. (cf. *aridez/árido; beleza/belo*)

A **aspereza** das palavras da jovem frustrou todas as expectativas familiares. (cf. *aspereza/áspero*)

Confira, em outros exemplos:

agude**z**a	(cf. *agudo*)	luci**dez**	(cf. *lúcido*)
algi**dez**	(cf. *álgido*)	maci**ez**	(cf. *macio*)
alte**z**a	(cf. *alto*)	madure**z**a	(cf. *maduro*)

altivez	(cf. *altivo*)	*magreza*	(cf. *magro*)
avareza	(cf. *avaro*)	*malvadeza*	(cf. *malvado*)
avidez	(cf. *ávido*)	*mesquinhez*	(cf. *mesquinho*)
baixeza	(cf. *baixo*)	*miudeza*	(cf. *miúdo*)
boniteza	(cf. *bonito*)	*morbidez*	(cf. *mórbido*)
brabeza	(cf. *bravo*)	*mudez*	(cf. *mudo*)
braveza	(cf. *brabo*)	*nitidez*	(cf. *nítido*)
candidez	(cf. *cândido*)	*nobreza*	(cf. *nobre*)
certeza	(cf. *certo*)	*nudez*	(cf. *nu*)
clareza	(cf. *claro*)	*palidez*	(cf. *pálido*)
crueza	(cf. *cru*)	*pequenez*	(cf. *pequeno*)
dureza	(cf. *duro*)	*polidez*	(cf. *polido*)
esbeltez	(cf. *esbelto*)	*prenhez*	(cf. *prenhe*)
escassez	(cf. *escasso*)	*rapidez*	(cf. *rápido*)
estupidez	(cf. *estúpido*)	*rareza*	(cf. *raro*)
fineza	(cf. *fino*)	*realeza*	(cf. *real*)
firmeza	(cf. *firme*)	*rigidez*	(cf. *rígido*)
flacidez	(cf. *flácido*)	*rijeza*	(cf. *rijo*)
fluidez	(cf. *fluido*)	*robustez*	(cf. *robusto*)
franqueza	(cf. *franco*)	*rudeza*	(cf. *rude*)
fraqueza	(cf. *fraco*)	*sensatez*	(cf. *sensato*)
frieza	(cf. *frio*)	*singeleza*	(cf. *singelo*)
frigidez	(cf. *frígido*)	*sisudez*	(cf. *sisudo*)
gaguez	(cf. *gago*)	*solidez*	(cf. *sólido*)
insipidez	(cf. *insípido*)	*sordidez*	(cf. *sórdido*)
inteireza	(cf. *inteiro*)	*surdez*	(cf. *surdo*)
intrepidez	(cf. *intrépido*)	*sutileza*	(cf. *sutil*)
invalidez	(cf. *inválido*)	*tepidez*	(cf. *tépido*)
justeza	(cf. *justo*)	*tibieza*	(cf. *tíbio*)
languidez	(cf. *lânguido*)	*timidez*	(cf. *tímido*)
largueza	(cf. *largo*)	*torpeza*	(cf. *torpe*)

lhaneza	(cf. lhano)	turgidez	(cf. túrgido)
ligeireza	(cf. ligeiro)	vastez	(cf. vasto)
lindeza	(cf. lindo)	vileza	(cf. vil)
lividez	(cf. lívido)	viuvez	(cf. viúvo)

2. Nas terminações **-izar, -ização:**

Um dos caminhos para o progresso é **agilizar** a educação do povo. (cf. ágil+izar)

Longo e árduo foi o percurso da **colonização** do Brasil. (cf. colon(o)+ização)

Confira, em outros exemplos:

amen**ização**	cauter**ização**	fanat**izar**
amen**izar**	celebr**izar**	fertil**ização**
anarqu**izar**	climat**ização**	fertil**izar**
arbor**ização**	climat**izar**	fiscal**ização**
arbor**izar**	cloroform**ização**	fiscal**izar**
aromat**izar**	cloroform**izar**	formal**ização**
atual**izar**	conscient**ização**	formal**izar**
automat**ização**	conscient**izar**	fossil**ização**
automat**izar**	cot**ização**	fossil**izar**
autor**ização**	cot**izar**	higien**ização**
autor**izar**	democrat**ização**	higien**izar**
aval**ização**	democrat**izar**	hipnot**ização**
aval**izar**	enfat**izar**	hipnot**izar**
brutal**ização**	entron**ização**	hospital**ização**
brutal**izar**	entron**izar**	hospital**izar**
burocrat**ização**	esterel**ização**	imun**ização**
burocrat**izar**	esterel**izar**	imun**izar**
canon**ização**	evangel**ização**	inden**ização**
canon**izar**	evangel**izar**	inden**izar**
carbon**ização**	exterior**ização**	magnet**ização**
carbon**izar**	exterior**izar**	magnet**izar**
categor**izar**	fanat**ização**	mental**ização**

mental*iz*ar	plural*iz*ar	satir*iz*ar
mercantil*ização*	poet*ização*	sintet*ização*
mercantil*iz*ar	poet*iz*ar	sintet*iz*ar
mercer*iz*ar	pormenor*ização*	sistemat*ização*
monopol*ização*	pormenor*iz*ar	solen*ização*
monopol*iz*ar	pressur*ização*	solen*iz*ar
nacional*ização*	pressur*iz*ar	suav*ização*
nacional*iz*ar	pulver*ização*	suav*iz*ar
narcot*ização*	pulver*iz*ar	total*ização*
narcot*iz*ar	responsabil*ização*	total*iz*ar
notabil*ização*	responsabil*iz*ar	urban*ização*
notabil*iz*ar	ridicular*ização*	urban*iz*ar
obstacul*ização*	ridicular*iz*ar	util*ização*
obstacul*iz*ar	roman*ização*	util*iz*ar
otim*ização*	roman*iz*ar	volat*ização*
permeabil*ização*	rubor*ização*	volat*iz*ar
permeabil*iz*ar	rubor*iz*ar	vulcan*ização*
plural*ização*	satir*ização*	vulcan*iz*ar

3. Nas palavras derivadas em que o **z** faz parte do termo de origem:
Viver é um constante **aprendizado**. *(cf. aprendizado/aprendiz/aprendizagem)*
É prudente **aprazar** compromissos financeiros. *(cf. aprazar/prazo)*

Confira, em outros exemplos:

ajaezar, ajaezado	(cf. *jaez*)	encapuzado, encapuzar	(cf. *capuz*)
amazonense	(cf. *Amazonas*)	enfezado	(cf. *enfezar*)
antegozar	(cf. *gozo*)	esquizofrênico	(cf. *esquizofrenia*)
arcabuzeiro	(cf. *arcabuz*)	fazendeiro	(cf. *fazenda*)
arrazoado	(cf. *arrazoar*)	felizardo	(cf. *feliz*)
arrozal, arrozeiro	(cf. *arroz*)	fuzilar	(cf. *fuzil*)
atenazar	(cf. *tenaz*)	gazetear	(cf. *gazeta*)
avizinhar, vizinhança	(cf. *vizinho*)	gozação, gozado	(cf. *gozo*)

azedar, azedinha, azedume	(cf. *azedo*)	*jazigo*	(cf. *jazer*)
azeitado, azeitona	(cf. *azeite*)	luzeiro, luzente, luzerna	(cf. *luz*)
balizar, balizamento	(cf. *baliza*)	petizada	(cf. *petiz*)
bizarria	(cf. *bizarro*)	prazenteiro	(cf. *prazer*)
buzinar	(cf. *buzina*)	prazeroso, prazível	(cf. *prazer*)
capatazia	(cf. *capataz*)	prezado	(cf. *prezar*)
cozinheiro	(cf. *cozinha*)	razoável	(cf. *razão*)
desmazelado	(cf. *desmazelo*)	revezar	(cf. *vez*)
dezena, dezenove	(cf. *dez*)	vozear	(cf. *voz*)
		vozeirão	(cf. *voz*)

⊃ *LEMBRETES*

✦ Não se admite a presença de *z* final equivalente a *s* em palavra não oxítona. Exemplo: *Cádis*, e não *Cadiz*.

✦ Só se admite *z* com valor idêntico ao de *s* em final de sílaba seguido de outra consoante nos advérbios em *-mente*. Caso contrário, o *s* ocupa sempre o lugar do *z*: *Biscaia*, e não *Bizcaia* (cf. AOLP).

Confira:

capazmente

eficazmente

vorazmente

atrozmente

Atenção na grafia dos homônimos: são palavras, como conceitua Mattoso Câmara Jr., inteiramente distintas pela significação ou pela função que têm a mesma estrutura fonológica: os mesmos fonemas, dispostos na mesma ordem e subordinados ao mesmo tipo de acentuação.*

O sentido dos homônimos vincula-se ao contexto linguístico em que se inserem:

São horas de te ver **são**.
Ou chegas **cedo**, ou não **cedo**.
O chefe da **seção** de periódicos participou da **sessão** inaugural do seminário sobre jornalismo cultural.
A **cessão** de livros às bibliotecas públicas ajuda a divulgar a leitura.
Vês? Chegou a sua **vez** de colaborar.

Compare:

acento: notação léxica	**assento:** superfície ou coisa onde se senta
acerto: correção	**asserto:** afirmação, assertiva
acessório: o que não é fundamental	**assessório:** referente ao assessor
alisar: tornar liso	**alizar:** ombreira de portas e janelas
apreçar: dar preço	**apressar:** dar pressa
arrear: colocar arreios	**arriar:** baixar
arrochar: apertar com arrocho	**arroxar:** tornar roxo
assuar: vaiar	**assoar:** tirar muco do nariz, expirando com força
brisa: vento leve	**briza:** gênero de planta leguminosa
broxa: prego	**brocha:** pincel
buxo: arbusto	**bucho:** barriga

---

*CÂMARA JR., J. Mattoso. *Dicionário de filologia e gramática referente à língua portuguesa*. 2 ed. rev. Rio de Janeiro: J.Ozon, 1964, p. 184.

cartuxo: frade da confraria da Cartuxa
cartucho: carga de arma de fogo
caçar: praticar a caça
cassar: tornar nulo um direito
cecear: pronunciar sibilando o s, o c, o z
ciciar: fazer leve ruído com a boca
cegar: ficar ou tornar cego
segar: cortar cereais etc.
censo: recenseamento
senso: juízo, ponderação
censor: que exerce censura
sensor: instrumento de medida
cerrar: fechar
serrar: cortar com serra
cevar: engordar
sevar: ralar
cervo: veado
servo: serviçal
cesta: modalidade de recipiente
sexta: dia da semana
sesta: repouso após almoço
chácara: quinta, sítio
xácara: narrativa em verso
cheque: documento bancário
xeque: situação perigosa; chefe árabe
círio: vela grande, de cera
sírio: nascido na Síria
concerto: espetáculo musical
conserto: reparo
cocheira: abrigo de animais
coxeira: marcha irregular de animal coxo
concelho: circunscrição administrativa
conselho: recomendação
concílio: reunião de deuses ou de prelados
consílio: assembleia
custear: pagar as despesas
costear: navegar junto à costa
cozido: cozinhado
cosido: costurado
espiar: observar, olhar
expiar: sofrer castigo, pagar pena

empossar: dar posse
empoçar: pôr num poço
esperto: arguto, inteligente
experto: perito
esterno: osso do peito
externo: exterior
estrato: camada sedimentar, tipo de nuvem
extrato: o que se extrai, perfume, documento bancário
extático: em êxtase, pasmado
estático: imóvel, firme
harpejar: tocar harpa
arpejar: emitir arpejos
incerto: duvidoso
inserto: inserido
incipiente: iniciante
insipiente: ignorante, que não sabe
irisado: matizado com as cores do arco-íris
irizado: atacado pela iriz, praga que dá em cafezais
laço: nó
lasso: frouxo
luxar: mostrar luxo, requinte; deslocar, desarticular
luchar: sujar
massa: pasta
maça: porrete
mesinha: mesa pequena
mezinha: remédio caseiro
moxo: tribo selvagem
mocho: ave de rapina
paço: palácio
passo: ato de deslocar o pé, ao caminhar
rocio: orvalho
rossio: praça
sela: arreio
cela: aposento
sessão: assembleia, reunião
seção: divisão, repartição
cessão: ato de ceder
taxar: tributar
tachar: acusar

Observe também a grafia dos **parônimos**, palavras com estrutura fonológica parecida, mas com diferentes significados. Exemplos:

acender: fazer arder, fazer queimar
ascender: elevar-se, subir

acético: referente ao ácido acético, ao vinagre
ascético: contemplativo, devoto, místico

ansiforme: com forma de asa
ensiforme: com forma de espada

aprender: tomar conhecimento, passar a saber
apreender: apropriar-se, prender, captar, assimilar

candente: em brasa, ardoroso, arrebatado
cadente: que vai caindo, cadenciado, ritmado

comprimento: medida
cumprimento: saudação

deferir: despachar favoravelmente
diferir: adiar, retardar, procrastinar

descrição: ato de descrever
discrição: qualidade de quem é discreto

degradar: tornar ou ficar vil
degredar: condenar ao exílio

delatar: denunciar, acusar
dilatar: alargar, ampliar, amplificar

descriminar: tirar a culpa, isentar de crime
discriminar: discernir, separar

destinto: sem cor
distinto: diferente

destratar: insultar
distratar: desfazer contrato

elidir: eliminar, neutralizar
ilidir: refutar

emerso: que emergiu, que veio à tona
imerso: mergulhado, afundado

emigrante: egresso do país de origem para fixar-se em outro
imigrante: que ingressa num país estrangeiro para nele estabelecer-se

emigrar: deixar o país de origem para fixar-se em terra estrangeira
imigrar: entrar num país estrangeiro e nele fixar-se

eminente: elevado, ilustre
iminente: próximo a acontecer

emissão: ato de emitir
imissão: ato de investir

estofar: acolchoar, chumaçar
estufar: aquecer, meter-se em estufa

estripar: tirar as tripas, desventrar
extirpar: desenraizar, extrair

flagrante: evidente, manifesto
fragrante: perfumado

fluir: manar, correr
fruir: desfrutar, gozar

imoral: contrário à moral
amoral: indiferente à moral

incitar: instigar, impelir
excitar: estimular, animar

intimorato: corajoso, sem temor
procedente: proveniente de, que procede, que tem validade
prover: abastecer
retificar: corrigir, emendar, tornar reto

intemerato: sem mácula, puro
precedente: que antecede

prever: ver antes
ratificar: validar, confirmar.

SEQUÊNCIAS DE CONSOANTES

1. Cc, cç, ct (primeiro /c/ velar, como em ***casa***); **pc** (/c/ sibilante, como em ***saúde***), **pç, pt**:

AS LETRAS C e P

1. Conservam-se, quando os fonemas são invariavelmente proferidos nas pronúncias cultas da língua. Exemplos relativos à pronúncia culta brasileira*:

CC, CÇ		PC, PÇ	
a*cc*ição	disse*cç*ão	ace*pç*ão	eru*pç*ão
co*cç*ão	evi*cç*ão	anticonce*pç*ão	irru*pç*ão
co*cc*inelídeo	fa*cç*ão	anticonce*pc*ional	nú*pc*ias
có*cc*ix	fi*cç*ão	conce*pç*ão	rece*pç*ão
confe*cç*ão	fi*cc*ional	contrace*pç*ão	rece*pc*ional
confe*cc*ionar	fri*cç*ão		
conve*cç*ão**	fri*cc*ionar		
convi*cç*ão	mi*cç*ão		
deco*cç*ão	perfe*cc*ionismo		
defe*cç*ão	prospe*cç*ão		

---

*Para exemplos de pronúncia culta dos demais países, consultar vocabulários e dicionários especializados.
**Transmissão de calor. Cf. convexão: "convexidade".

CT

*act*inídeo	*fitoplân*cton
*autó*ctone	*fra*ctal
*ba*ctéria	*he*ctare
*ca*cto	*he*ctograma
*compa*ctar	*histere*ctomia
*compa*ctuar	*la*ctação
*cone*ctar	*la*ctante
*convi*cto	*la*ctose
*defe*ctivo	*o*ctaedro
*e*ctoplasma	*o*ctana
*eru*ctação	*o*cteto
*eru*ctar	*o*ctingésimo
*esclera*ctíneo	*o*ctogésimo
*fa*ctoide	*pi*ctural

PT

*ada*ptar	*o*ptometria
*a*pto	*pé*ptico
*arquí*ptero	*perem*pto
*ca*pturar	*perem*ptório
*contrace*ptivo	*ra*ptar
*egi*ptologia	*reada*ptar
*estre*ptococo	*rece*ptação
*estre*ptomicina	*rece*ptáculo
*euca*lipto	*rece*ptar
*euca*liptol	*re*ptante
*homó*ptero	*ré*ptil
*ine*pto	*re*pto
*interce*ptação	*se*pticemia
*lepidó*ptero	*se*ptectomia
*menteca*pto	*se*pto

1.1 Eliminam-se, quando invariavelmente mudas nas pronúncias cultas da língua. Tais letras já não eram usadas na grafia brasileira. A regra aplica-se a Portugal e aos demais países lusófonos. Exemplos brasileiros:

ação	*direcional*	*inspetor*
aflição	*direto*	*ótimo*
ator	*diretor*	*projeto*
atual	*Egito*	*proteção*
batizar	*eletricidade*	*protecionista*
coleção	*exato*	*seleção*
colecionar	*fator*	*selecionar*
coletivo	*injeção*	
direção	*injetar*	

Há vocábulos em que as citadas consoantes são pronunciadas no registro culto e geral brasileiro e mudas na pronúncia lusitana. Como tal, as letras permanecem na grafia do Brasil, e deixam de ser escritas em Portugal. Exemplo: *recepção/receção*.

1.2 Admitem, facultativamente, permanência ou supressão, quando os fonemas são proferidos, ou quando oscilam entre serem ou não pronunciados.

Para identificar as palavras assim caracterizadas, devem ser consultados vocabulários e dicionários abalizados, até porque, a dinâmica da língua levará certamente a futura opção por uma das pronúncias. Exemplos:

aspecto/aspeto
circunspecto/circunspeto
conectivo/conetivo
conjectura/conjetura
conjecturar/conjeturar
elíptico/elítico
epiléptico/epilético

introspectivo/introspetivo
jactância/jatância
jactar-se/jatar-se
lácteo/láteo
profiláctico/profilático
putrefacto/putrefato
retráctil/retrátil
seccionar/secionar
septenário/setenário
septênio/setênio
septingentésimo/setingentésimo
septissílabo/setissílabo
septuagenário/setuagenário
septuagésimo/setuagésimo
séptuplo/sétuplo
táctil/tátil
vasoconstricção/vasoconstrição

OBSERVAÇÃO

Nas sequências interiores *mpc, mpç, mpt* quando o /p/ não é pronunciado o *m* passa automaticamente a *n*. Exemplos: *assuncionista* (cf. *assumpcionista*), *perentório* (cf. *peremptório*) *assunção* (cf. *assumpção*), *suntuoso* (cf. *sumptuoso*), *assuntível* (cf. *assumptível*), *suntuosidade* (cf. *sumptuosidade*)

2. *Bd, bt, gd, mn, tm*:

As letras *b, g, m* e *t* dessas sequências admitem, facultativamente, permanência ou supressão, quando os fonemas respectivos são proferidos numa pronúncia culta, quer geral quer restritamente, ou quando oscilam entre serem ou não proferidas, nas seguintes palavras: *súbdito, subtil* (e derivados), *amígdala, amnistia, indemne* (e cognatos), *omnímodo, omnipotente, omnisciente* (e similares), *aritmética* e *aritmético*.

O texto do AOLP autoriza, como se depreende, duas grafias. Um critério orientador: adotar a que corresponda ao maior índice de frequência da pronúncia ou do emudecimento das citadas consoantes na pronúncia comunitária.

A propósito, na ortografia brasileira

a) não é usual a sequência **bd** em *súdito;*

b) não é frequente a sequência **bt** em *subtil* e derivados. Exemplos: *sutil, sutileza, sutilização, sutilizado, sutilizar;*

c) o grupo **gd** de *amígdala* e cognatos admite a dupla representação. Exemplos:

amídala/amígdala	amidaloide/amigadaloide
amidalar/amigdalar	amidalopatia/amigdalopatia
amidalite/amigdalite	amidalotomia/amigdalotomia

d) o **m** da sequência **mn**.

– não é usual na grafia de *anistia, indene* e cognatos. Exemplos:

anistia	indene
anistiador	indenizar
anistiante	indenização
anistiar	indenizador
anistiável	

– é presença facultativa em onímodo/omnímodo, onipotente/omnipotente, onisciente/omnisciente e similares. Exemplos:

onidirecional/omnidirecional   onisciente/omnisciente
onilíngue/omnilígue   onissapiente/omnissapiente
onisciência/omnisciência   onividência/omnividência

e) as variantes sem o **t**, como *arimética* e *arimético* não são usuais no Brasil.

Letras maiúsculas e minúsculas

1. Passam a ser grafadas com inicial minúscula:
(REGRA NOVA)

a) Os termos **fulano, beltrano** e **sicrano**:
Fulano *fala de* **beltrano** *que só faz criticar* **sicrano** *e ninguém merece crédito. Gosto muito de* **fulano**, *mas* **beltrano** *é quem me adora, afirmou a jovem cheia de mistério.*

b) As titulações:
doutor Antônio Houaiss;
senhor doutor João da Silva;
senhora doutora Carolina de Vasconcelos;
bacharel Pedro da Silva;
cardeal Bembo.

No caso dos designativos de nomes sagrados (hagiônimos) é facultativo o uso das maiúsculas:

Santa (ou **santa**) Luzia;
São (ou **são**) Judas Tadeu;
Santa (ou **santa**) Rita;
São (ou **são**) José;
Santo (ou **santo**) Agostinho.

2. Continuam com inicial minúscula:
(REGRA ANTERIOR REFERENDADA)

a) Os nomes dos dias, meses e estações do ano: *segunda-feira, sábado, janeiro, dezembro, primavera, verão, outono, inverno.*

b) As designações dos pontos cardeais e colaterais quando não usados em abreviaturas ou empregados absolutamente:
*Conheço o Brasil de **norte** a **sul**.*
*O vento vindo do **sudoeste** anunciava a iminência do temporal.*

Confira:

norte	*sudoeste*
sul	*és-sudoeste* ou *és-sueste*
leste ou *este*	*nor-nordeste*
oeste	*oés-sudeste*
nordeste	*su-sudeste* ou *su-sueste*
noroeste	*su-sudoeste*
sudeste ou *sueste*	

c) Nomes próprios usados como comuns, por antonomásia:
*Era um **dom-quixote** em matéria de defesa da literatura.*
*Nem sempre se pode evitar a presença dos **judas** em certas agremiações.*

d) A regra anterior estende-se aos nomes próprios que se tornam comuns, ao integrarem vocábulos compostos ou locuções:
*Para mostrar que não era um **joão-ninguém**, provocou um **deus nos acuda** no debate sobre meio ambiente.*

e) Substantivos comuns, integrantes de designações de acidentes geográficos:
baía *de Guanabara*
oceano *Pacífico*
estreito *de Gibraltar*
rio *São Francisco*

f) Termos, que não sejam nomes próprios, imediatamente posteriores a dois pontos, quando não integram uma citação:

Um traço se destacava na veemência do orador: vigor da loquacidade como compensação do vazio das ideias.

g) Termos situados imediatamente depois de ponto de interrogação e de ponto de exclamação, se até eles o sentido do enunciado está incompleto:

Ah! ***quem*** *há de entender o teu silêncio?*
Quem é você? ***dizei-me.***
O que é isso? ***o*** *que foi que aconteceu?*

3. Admitem grafia opcional, com inicial maiúscula ou minúscula:
(REGRA NOVA)

a) As designações de domínios do saber, cursos, disciplinas:

Língua Portuguesa ou *língua portuguesa;*
Matemática ou *matemática;*
Ciências Sociais ou *ciências sociais;*
Geografia ou *geografia;*
Línguas e Literaturas Modernas ou *línguas e literaturas modernas;*
História da Literatura Africana ou *história da literatura africana.*

b) As categorizações de logradouros públicos, templos, edifícios:

Avenida *(ou **avenida**) Atlântica;*
Largo *(ou **largo**) do Pelourinho;*
Praça *(ou **praça**) da Paz;*
Beco *(ou **beco**) das Carmelitas;*
Igreja *(ou **igreja**) do Carmo;*
Catedral *(ou **catedral**) da Sé;*
Palácio *(ou **palácio**) da Cultura;*
Edifício *(ou **edifício**) Esperança.*

➲ *LEMBRETES*

✦ Nos títulos de livros (bibliônimos), o primeiro elemento continua grafado com maiúscula e os demais vocábulos, excetuados os nomes próprios, admitem a grafia com maiúscula ou minúscula inicial:

Memórias Póstumas de Brás Cubas (ou *Memórias póstumas de Brás Cubas*);

Árvore do Tambor (ou *Árvore do tambor*);

Capitu — Memórias Póstumas (ou *Capitu — memórias póstumas*);

Vidas Secas (ou *Vidas secas*);

Viagens na Minha Terra (ou *Viagens na minha terra*).

✦ A grafia das designações de obras especializadas pode obedecer a regras próprias, estabelecidas em códigos ou normalizações específicas (terminologia antropológica, geológica, biológica, zoológica etc.) oriundas de entidades científicas ou normalizadoras reconhecidas internacionalmente. Exemplo: ABNT (Associação Brasileira de Normas Técnicas).

4. Continuam com inicial maiúscula, uma vez que, em relação a tais normas, antes adotadas, o AOLP não propõe mudanças:
(REGRA ANTERIOR REFERENDADA)

a) As designações dos pontos cardeais, quando em abreviaturas ou quando empregadas absolutamente.

EXEMPLOS DE ABREVIATURAS:

N (norte)

N.E. (nordeste)

N.N.E. (nor-nordeste)

N.N.W. ou *N.N.O.* (nor-noroeste)
N.O. ou *N.W.* (noroeste)
O. ou *W.* (oeste)
S (sul)
S.E. (sueste)
S.O. ou *S.W.* (sudoeste)
S.S.E. (su-sueste)
S.S.W. ou *S.S.O.* (su-sudoeste)
S.W. ou *S.O.* (sudoeste)
W. ou *O.* (oeste)
W.S.W. ou *O.S.O.* (oés-sudoeste)

EXEMPLOS DE EMPREGO DE MODO ABSOLUTO:

Nordeste *alagado,* **Sul** *assolado pela seca: contrastes atípicos na realidade brasileira.*

Certos confrontos entre **Oriente** *e* **Ocidente** *costumam ser assustadores.*

b) Os nomes próprios de qualquer espécie:

- antropônimos (nomes de pessoas) reais ou fictícios: *João, Maria, Ataíde, Policarpo Quaresma, Joaquim Maria Machado de Assis, Carlos Drummond de Andrade, João Guimarães Rosa, Clarice Lispector, Cecília Meireles, Rachel de Queiroz, Capitu;*

- nomes sagrados, religiosos, mitológicos e astronômicos: *Jeová, Alá, Baco, Febo, Vênus, Zeus, Júpiter, Adamastor, Via-Láctea;*

- topônimos (nomes de lugares) reais ou fictícios: *Brasil, Amazonas, São Paulo, Porto Alegre, Pernambuco, Tietê, Atlântida.*

c) Os termos que começam as frases:

O Acordo Ortográfico da Língua Portuguesa foi promulgado pelo Presidente da República do Brasil em 29 de setembro de 2008.

d) Facultativamente, os pronomes que se referem a Deus e à Virgem Maria:

Confia em Deus. ***Ele (ele)*** *não desampara os que têm fome e sede de justiça.*

*Ó gloriosa Mãe de Deus, estende a **Sua** (ou a **sua**) mão aos desamparados.*

e) As designações:

- de conceitos religiosos, sociológicos e políticos, quando não empregados em sentido geral:

    *O futuro do **País** é inadiável.*
    *O bem-estar do povo é preocupação do **Estado**.*

- de períodos históricos: *a Idade Média, o Oitocentos, o Renascimento, o Romantismo, o Modernismo;*

- de datas: *o Sete de Setembro, o 1º de Maio;*

- de atos: *a Lei Áurea, a Proclamação da República, o "Achamento" do Brasil;*

- de festas relevantes: *Dia dos Pais, Natal, Ano-Novo, Ramadão, Todos os Santos;*

- de obras várias: *a Vênus de Milo, a Vitória de Samotrácia, o Monumento às Bandeiras, a Divina Comédia, a Teoria da Relatividade;*

- de periódicos, em itálico: *Folha de S.Paulo, O Globo, Jornal do Brasil, O Estado de S.Paulo, Veja, IstoÉ, Época, Diário de Pernambuco, Estado de Minas;*

- de leis, decretos, portarias, quando em documentos ou correspondências oficiais: *Decreto-Lei nº, Portaria nº.*

FORA DO ÂMBITO OFICIAL, USAM-SE MINÚSCULAS:

*O último **decreto** presidencial aprovou o aumento dos funcionários públicos.*

*A lotação dos funcionários será definida em **portaria** especial do Diretor de Pessoal.*

*Certos assuntos da administração pública só podem ser regulados por **lei**.*

f) Reduções de substantivos, adjetivos, pronomes e expressões de tratamento ou reverência:

D. (dom ou dona)
Digm° (Digníssimo)
Em° (Eminentíssimo)
M.D. (Muito Digno) ou (Medicinae Doctor)
Mm° (Meritíssimo)

Revm° (Reverendíssimo)
Sr. (senhor)
Srª (senhora)
Stª (senhorita)
V.Magª (Vossa Magnificência)

g) Expressões de reverência, tradicionalmente de uso protocolar e restrito:

Vossa Alteza, Sua Alteza	Príncipes, arquiduques, duques	V.A., S.A.
Vossa Eminência, Sua Eminência	Cardeais	V. Em.ª, S. Eminência
Vossa Excelência, Sua Excelência	altas autoridades do governo e classes armadas	V.Ex.ª, S.Ex.ª
Vossa Magnificência, Sua Magnificência	Reitores de Universidades	V.Mag.ª, S.Mag.ª
Vossa Majestade, Sua Majestade	Reis, imperadores	V.M., S. M.
Vossa Excelência Reverendíssima	Bispos e arcebispos	V.Ex.ª Revm.ª, S.Ex.ª Revm.ª
Vossa Paternidade, Sua Paternidade Abade	superiores de convento	V.P., S.P.
Vossa Reverendíssima	Sacerdotes em geral	V.Revm.ª
Vossa Santidade, Sua Santidade	Papas	V.S., S.S.
Vossa Senhoria, Sua Senhoria	Funcionários públicos graduados oficiais até coronel, pessoas de cerimônia.	V. S.ª, S.S.ª

h) Substantivos comuns, quando usados como próprios, por individualização ou animização:

*Conheça a **Transamazônica**.*
*Ao viajar pelo Brasil, vá à **Capital da República**.*
*É bom festejar o **Natal**, o **Natal** das crianças.*
*Jesus Cristo disse: "Eu sou o **Caminho**, a **Verdade** e a **Vida**."*
*A **Fé** conduz meus passos pelas quebradas da vida.*
*Carlos Drummond de Andrade é **Poeta Maior** da literatura brasileira.*

*"Busque **Amor** novas artes, novo engenho,*
Pera matar-me, e novas esquivanças;
Que não pode tirar-me as esperanças,
Que mal me tirará o que eu não tenho."*

*Na fábula antiga, quem vive melhor: a **Cigarra** ou a **Formiga**?*

i) As palavras arbitrariamente valorizadas com maiúscula, para efeito expressivo, sobretudo em textos literários:

*"Com a lâmpada do **Sonho** desce aflito*
E sobe aos mundos mais imponderáveis."**

j) As palavras que, no vocativo das cartas, objetivam realçar o destinatário, por deferência, respeito ou consideração:

*Prezado **Amigo**:*
*Caríssima **Amiga**:*
*Mestre e **Amigo**:*
*Prezado **Professor**:*
*Querida **Amiga**:*

---

*CAMÕES, Luís. *Obra completa*. Rio de Janeiro: Aguilar, 1963, p. 273.
**SOUSA, João da Cruz e. "Cavador do infinito". In: *Obra completa*. Org. Andrade Muricy. Rio de Janeiro: Aguilar, 1961, p. 207.

k) Siglas, símbolos ou abreviaturas internacionais ou nacionalmente reguladas com maiúsculas no todo, iniciais, mediais ou finais:

ONU – Organização das Nações Unidas

UNESCO (var. Unesco) – *United Nations Educational, Scientific and Cultural Organization* (Organização Educacional, Científica e Cultural das Nações Unidas)

FAO – *Food and Agriculture Organization* (Organização de Alimentação e Agricultura — órgão das Nações Unidas)

FIFA – Federação Internacional da *Football Association*

IBGE ou I.B.G.E. – Instituto Brasileiro de Geografia e Estatística

IHGB – Instituto Histórico e Geográfico Brasileiro

IBBD – Instituto Brasileiro de Bibliografia e Documentação

H_2O – símbolo químico da água

CO_2 – símbolo químico do dióxido de carbono

VOLP – *Vocabulário ortográfico da língua portuguesa*

ABL – Academia Brasileira de Letras

ABRAFIL – Academia Brasileira de Filologia

ABNT – Associação Brasileira de Normas Técnicas

USO DOS SINAIS CONVENCIONAIS

O texto do AOLP limita-se, nessa área, apenas a alterações de alguns critérios relativos ao uso dos acentos gráficos e ao emprego do hífen. Mantém, consequentemente, em relação à utilização desses e dos demais sinais convencionais de que nos valemos, a maioria das regras anteriormente adotadas. Verifique, a seguir, o que mudou e o que permanece.

Regras de acentuação gráfica

USO DOS ACENTOS AGUDO E CIRCUNFLEXO

I. PALAVRAS OXÍTONAS

Levam acento gráfico

(REGRAS ANTERIORES REFERENDADAS)

1. As palavras oxítonas terminadas em **-o(s)**, **-e(s)**, **-a(s)** (agudo, se a vogal é aberta; circunflexo, se é fechada):

*O **avô** e a **avó** adoram tomar **café** sentados no **sofá**.*

Exemplos:

abricó	*bustiê*	*guaranás*
aguapé	*bustiês*	*inglês*
aguarrás	*camelô*	*invés*
aimoré	*camelôs*	*ipê*
ananás	*cipó*	*ipês*
após	*cipós*	*japonês*
até	*complô*	*javanês*
ateliê	*complôs*	*maiô*
ateliês	*convés*	*maiôs*
atrás	*cortês*	*manganês*
através	*detrás*	*mantô*
avelós	*dominó*	*mantôs*
bangalô	*dominós*	*marquês*
bangalôs	*escocês*	*montanhês*
banguê	*francês*	*olá*
banguês	*freguês*	*olé*
bibelô	*garnisé*	*parabéns*
bibelôs	*garnisés*	*pivô*
buquê	*gigolô*	*pivôs*
buquês	*gigolôs*	*pontapé*
burguês	*guaraná*	*pontapés*

poraqu**ê**	rap**és**	sabi**ás**
quiproqu**ó**	rev**ê**	sambur**á**
ral**é**	rev**és**	tar**ô**
ral**és**	rev**ês**	torqu**ês**
rapap**é**	rob**ô**	urup**ês**
rapap**és**	rob**ôs**	xar**á**
rap**é**	sabi**á**	xilindr**ó**

Esta regra inclui os monossílabos tônicos, considerados palavras oxítonas pelo AOLP, terminados nessas mesmas letras:

*Não ponha o **pé** no **pó**: retire o **pó** com a **pá**.*

Exemplos:

ás	gás	rês
bê	há	rô
cá	já	sê
cê	jês	só
cós	lá	vá
dó	mês	vás
é	nó	vê
és	nós	vês
fá	pôs	vós
fé	ré	

A regra é válida para as formas verbais com os pronomes clíticos ***lo(s)***, ou ***la(s)***: *amá-lo, temê-la, dispô-lo, amá-la-ei, dá-las, trá-las-á, detê-lo, vê-la, vê-las, compô-las, pô-la, pô-las*.

Permanece o acento diferencial na forma ***pôr*** (cf. ***por***, preposição):

Por *mais que se esforçasse para **pôr** a vida em dia, esbarrava no seu cansaço.*

Pra, forma reduzida de *para*, não leva acento:

*"Vou-me embora **pra** Pasárgada." (Manuel Bandeira)*

2. As palavras oxítonas com mais de uma sílaba terminadas em **-em** ou em **-ens** – circunflexo nas formas de terceira pessoa do plural do presente do indicativo dos derivados de **ter** e **vir**, agudo nas demais:

*Nada **detém** os ambiciosos.*
*Que obstáculos **detêm** a sua ação, tão esperada?*
*Se **deténs** os teus impulsos, evitas muitos dissabores.*
*Há certas ofertas que nem sempre nos **convêm**.*
***Convém** que te precavenhas.*
*Sem **ninguém** para incomodar, é mais fácil trabalhar.*
*Há pessoas que são **reféns** de seus ressentimentos.*

Outros exemplos:

abstém	*haréns*	*provéns*
abstêm	*intervém*	*refém*
acém	*intervêm*	*retém*
advêm	*mantém*	*retêm*
além	*mantêm*	*reténs*
alguém	*obtém*	*sobrevém*
amém	*obtêm*	*sobrevêm*
armazém	*obténs*	*também*
armazéns	*parabéns*	*vaivém*
entretém	*porém*	*vaivéns*
entretêm	*provém*	*vintém*
harém	*provêm*	*Xerém*

As formas *têm* e *vêm*, terceiras pessoas do **plural** do presente do indicativo dos verbos *ter* e *vir*, levam esse acento circunflexo para se distinguirem de *tem* e *vem*, terceiras pessoas do singular do mesmo tempo verbal e segundas pessoas do singular do imperativo. Compare:

*Quem **tem** muita pressa nem sempre chega cedo.*
*Os que **têm** muita pressa por vezes chegam tarde.*
*Depois da tempestade, **vem** a bonança.*
*Há males que **vêm** para bem.*
*Ah, **tem** dó de alguém que vive tão só!*
***Vem**, que todos estão te aguardando com saudade.*

3. As palavras oxítonas terminadas nos ditongos *-éi(s), -ói(s), -éu(s)*, incluídos os monossílabos, consideradas oxítonas pelo AOLP (acento agudo):

*Vão-se os **anéis**, fiquem os dedos.*
*Só o amor **constrói**.*
Vale a pena ler São Jorge dos **Ilhéus**, *romance de Jorge Amado.*
*Sem fé não se vai ao **céu**.*

Confira:

aluguéis	*destrói*	*mausoléu*
anéis	*destróis*	*mói*
anzóis	*dói*	*motéis*
arrebóis	*escarcéu*	*mundaréu*
bacharéis	*farnéis*	*papéis*
batéis	*faróis*	*pincéis*
bedéis	*fiéis*	*povaréu*
carretéis	*fogaréu*	*réis*
carrosséis	*girassóis*	*remói*
céu	*herói*	*remóis*
céus	*heróis*	*rói*
chapéu	*hotéis*	*róis*
chapéus	*ilhéu*	*sóis*
constróis	*ilhéus*	*tabaréu*
corações	*incréu*	*troféu*
coronéis	*infiéis*	*troféus*
corrói	*lençóis*	*véu*
cruéis	*léu*	*véus*

4. As palavras oxítonas terminadas em **-i(s)** e **-u(s)**, quando em hiato:

"*Cheguei no Pará, parei;/ comi **açaí**, fiquei.*"*(Do cancioneiro popular)*
Uma revoada de **tuiuiús** cortava o verde do Pantanal.
"*O meu boi morreu/ que será de mim?/ manda buscar outro, maninha/ lá no **Piauí**.*"*(Do cancioneiro popular).*

Exemplos:

atraí	constituí	Luís
atraís	constituís	país
baú	daí	saís
biscuí	Grajaú	teiú
caí	Itajaí	teiús

O *i* nasal não leva acento: *Ca**im**, caui**m**, rui**m**, rui**ns***.

○ *LEMBRETE*

✦ O monossílabo *que* é tônico e, consequentemente, leva acento gráfico:

a) quando é substantivo: *Um **quê** de mistério envolvia a vida da vizinha.*

b) quando é interjeição: ***Quê!*** *Isso é invenção de bisbilhoteiros.*

c) quando em final de frase: *Você falou de **quê**?*

Admitem dupla acentuação gráfica (em função do timbre aberto ou fechado das vogais tônicas nas pronúncias cultas):
(REGRA NOVA)

1. Alguns vocábulos oxítonos terminados em **e** (geralmente de origem francesa). Exemplos:

>   bebê/bebé   guichê/guiché
>   bidê/bidé   matinê/matiné
>   canapê/canapé   nenê/nené
>   crochê/croché   purê/puré

2. Alguns vocábulos terminados em **o**. Exemplos: *cocó/cocô, cocoricó/cocoricô, ró/rô* (nome da letra).

*Admitem-se também formas como **judo** e **judô**, **metro** e **metrô**.*

A novidade da regra é o referendo da prática da dupla acentuação.

É recomendável a grafia correspondente à pronúncia de maior incidência no uso comunitário. A consulta a vocabulários e dicionários abalizados possibilita identificá-la.

II. PALAVRAS PAROXÍTONAS

1. Levam acento
(REGRA ANTERIOR REFERENDADA)

As palavras paroxítonas <u>não</u> terminadas em **-o(s), -e(s), -a(s)**, vale dizer: <u>terminadas</u> em **-ã(s), -ão(s), -ei(s), -i(s), -um, -uns, -us, -ps, -l, -n, -on(s), -r, -x.**

> *Tomar um **táxi** na grande cidade nem sempre é **fácil**.*
> *Vale gastar uns **níqueis** para não chegar atrasado à reunião da Associação de Pais e Mestres.*
> *O transplante de **órgãos** é um notável avanço da medicina.*
> *Pessoas **afáveis** cultivam simpatias.*

*Não nos surpreendeu, senhor prefeito, que **fôsseis** eleito governador no primeiro turno.*
***Álbuns** costumam ser **úteis**.*

Confira:

-Ã(S), -ÃO(S)	-EI(S)	-I(S)	-U(S)	-UM, -UNS	-PS
acórd**ão**	cantar**íeis**	bíl**is**	ân**us**	álb**um**	bíc**eps**
acórd**ãos**	devêss**eis**	biquín**i***	bôn**us**	álb**uns**	fórc**eps**
bênç**ão**	difíc**eis**	biquín**is***	fíc**us**	factót**um**	Quéo**ps**
bênç**ãos**	fác**eis**	busíl**is**	húm**us**	factót**uns**	tríc**eps**
ím**ã**	fizér**eis**	cáqu**i**	jiu-jít**su**	fór**um**	quadríc**eps**
ím**ãs**	fizéss**eis**	cút**is**	lót**us**	fór**uns**	
órf**ã**	fôss**eis**	grát**is**	lúp**us**	médi**um**	
órf**ãs**	dúct**eis**	íb**is**	mún**us**	quór**um**	
órf**ão**	hóqu**ei**	ír**is**	ôn**us**	vade-	
órf**ãos**	hóqu**eis**	júr**i**	ríct**us**	méc**um**	
órg**ão**	pêns**eis**	júr**is**	Tân**us**	vade-	
órg**ãos**	pôn**ei**	láp**is**	tôn**us**	méc**uns**	
sót**ão**	pôn**eis**	miosót**is**	Vên**us**	sér**um**	
sót**ãos**	projét**eis****	oás**is**	vír**us**	tét**um**	
	répt**eis*****	raviól**i**			

---

*Variantes: *biquine* e *biquines*.
**Variante: *projetis*.
***Variante: *reptis*.

-L	-N, -ON(S)	-R	-X
amável	*cânon**	*açúcar*	*bômbix***
bebível	*cólon*	*aljôfar*	*clímax*
cível	*cróton*	*almíscar*	*cóccix*
cônsul	*crótons*	*âmbar*	*córtex*
dócil	*elétron*	*caráter*	*factível*
difícil	*elétrons*	*éter*	*Félix*
fértil	*hífen*	*esfíncter*	*Fênix*
fútil	*hímen*	*ímpar*	*hálux*
louvável	*líquen*	*repórter*	*hápax*
movível	*méson*	*revólver*	*hélix*
níquel	*nêutron*	*suéter*	*látex*
pênsil	*nêutrons*	*tânger*	*ônix*
táctil	*númen*	*Vésper*	*Pólux*
têxtil	*próton*	*vômer*	*sílex*
	prótons	*zíper*	*tórax*

⊃ **LEMBRETES**

✦ Os paroxítonos terminados em *-ens* não levam acento, uma vez que os oxítonos com a mesma terminação são acentuados: se fossem pronunciados como oxítonos receberiam o acento agudo. Exemplos: *hifens, himens* (var.: *hímenes*), *liquens* (var.: *líquenes*).

✦ Não levam acento os **prefixos** paroxítonos terminados em *r*. Exemplos:
hiper-humano
hiper-realista
inter-hemisférico
super-requintado
super-habilidade
super-humano

---

*Variante: *cânone*.
**Variante: *bômbice*.

2. Admitem dupla acentuação gráfica
(REGRA NOVA)

Algumas palavras paroxítonas com a vogal tônica *e* ou *o* em fim de sílaba, seguidas de *m* ou *n* (em função do timbre aberto ou fechado das vogais tônicas, nas pronúncias cultas):

> *bônus/bónus*   *ônix/ónix*
> *fêmur/fémur*   *pônei/pónei*
> *fênix/fénix*   *tônus/tónus*
> *pênis/pénis*   *Vênus/Vénus*
> *sêmen/sémen*   *vômer/vómer*
> *ônus/ónus*   *xênon/xénon*

Por força da maior incidência, na pronúncia culta brasileira, da tônica fechada, é recomendável a adoção da grafia com o acento circunflexo.

3. É facultativa
(REGRA NOVA)

3.1 A presença do acento agudo nas formas do pretérito perfeito do indicativo de tipo **amámos, louvámos**, para as distinguir das correspondentes formas do presente do indicativo, **amamos, louvamos**, uma vez que o timbre da vogal tônica é, naquele caso, aberto, em algumas variantes do português:

*Nós a **amamos** (ou **amámos**) muito, em outros tempos; hoje não **amamos** sequer sua lembrança.*
***Louvamos** (ou **louvámos**), no encerramento da campanha, o comportamento exemplar dos doadores de sangue.*

3.2 A presença do acento circunflexo

a) na forma ***dêmos/demos***, primeira pessoa do plural do presente do subjuntivo, para distingui-la de ***demos***, forma do pretérito perfeito do indicativo:

*Todos esperam que **dêmos** (ou **demos**) uma contribuição para a biblioteca pública.*

b) na palavra ***fôrma***, substantivo, para distingui-lo de ***forma***, também substantivo e terceira pessoa do singular do presente do indicativo e segunda pessoa do singular do imperativo do verbo formar:

*O poeta afirmou que não reduziria a **fôrma** (ou **forma**), a **forma**.*

Os brasileiros continuaremos a escrever, por exemplo, **louvamos** e **demos** sem acento diferencial, porque na pronúncia do Brasil as citadas vogais são sempre fechadas. É pertinente lembrar que o AOLP privilegia o critério fonético.

Em **fôrma** recomenda-se usar o acento diferencial para evitar ambiguidade.

4. Permanecem

4.1 O acento circunflexo da forma verbal ***pôde***, terceira pessoa do singular do pretérito perfeito do indicativo, quando se distingue da forma do presente do mesmo modo, ***pode***:

*Quem não **pôde**, no passado, preparar o presente, **pode** hoje, no presente, cuidar melhor do futuro.*

4.2 Sem acento as palavras homógrafas diferenciadas pelo timbre das vogais. Exemplos:

*Entremos num **acordo**, disse o marido: eu **acordo** depois de você.*
*Um põe a **cerca**, o outro **cerca** as reses, disse o fazendeiro.*
*O nervosismo prejudicou o locutor do telejornal: **ele** trocou o **ele** pelo **erre**, ao pronunciar a palavra problema.*
*Não **fora** o gol da vitória, o zagueiro estaria **fora** do próximo jogo.*

5. Deixam de ser usados:
(REGRA NOVA)

5.1 O acento circunflexo das formas verbais terminadas em *-eem* dos verbos *ler, dar, crer, ver* e *seus derivados*:

*Os que **creem** em tudo o que **leem** não conhecem a força da capacidade de crítica.*
*Os que **preveem**, provêm.*

Confira:
> *deem*
> *desdeem*
> *descreem*
> *releem*
> *reveem*

5.2 O acento circunflexo do encontro *-oo, seguido ou não de s*:

*A jovem apaixonada deixava-se conduzir pelo **voo** e **revoo** dos seus devaneios.*
*Viagens marítimas costumam provocar **enjoos** bastante desconfortáveis.*

Confira:
> *abençoo*   *magoo*
> *abotoo*   *perdoo*
> *amaldiçoo*   *povoo*
> *coo*   *reboo*
> *desabotoo*   *voos*
> *doo*   *zoo*
> *enjoo*   *zoos*

5.3 O acento agudo dos ditongos *-ei* e *-oi* tônicos, exceto quando o vocábulo termina em *r* (a regra geral tem precedência). Exemplos:

alcaloide	epopeico	onomatopeico
apoia	esferoide	ovoide
assembleia	estoico	paranoia
azaleia	estreia	paranoico
aleia	geleia	plateia
arazoia	heroico	sequoia
boia	ideia	teteia
boleia	introito	tipoia
centopeia	jiboia	tifoide
colmeia	joia	tireoide
diarreia	moloide	tramoia
elipsoide	odisseia	ureia
epileptoide	onomatopeia	zebroide

EXEMPLOS DE EXCEÇÕES: **contêiner, destróier, méier.**

5.4 O acento agudo no *i* e no *u* tônicos nas palavras em que essas vogais vêm precedidas de ditongo:
*Esqueceram na mesa da **baiuca** uma caixa **cheiinha** de **bocaiuva**.*

Confira:
boiuna
cheiinho
feiura
reiuno
saiinha

Fora desses casos, *i* e *u* tônicos continuam com acento agudo, se formarem sílaba sozinhos ou acompanhados de *s*, na condição de segunda vogal de hiato, regra que, como foi assinalado, vale também para os oxítonos:

Se não fosse o **balaústre** o **Esaú caía** da escada.
A **saída** à noite, em meio à chuva, era um risco para a **saúde** do velho professor.
Saíste cedo. A festa começou mais tarde.

Confira:

Alaíde	*ciúme*	*gaúcho*	*paraíso*
alaúde	*cocaína*	*genuíno*	*plebeísmo*
amiúde	*concluído*	*graúdo*	*prejuízo*
arcaísmo	*conteúdo*	*heroína*	*proteína*
altruísmo	*corruíra*	*heroísmo*	*raízes*
altruísta	*cuíca*	*incluído*	*recaída*
Araújo	*egoísmo*	*influíste*	*reúne*
ataúde	*egoísta*	*Inhaúma*	*ruído*
atraísse	*eletroímã*	*jesuíta*	*ruína*
atribuído	*ensaísta*	*judaísmo*	*saída*
baía*	*espadaúdo*	*juízes*	*saúva*
beduíno	*faísca*	*Luísa*	*traíra*
cafeína	*farisaísmo*	*miúdo*	*truísmo*
caíque	*faúlha*	*oboísta*	*vascaíno*
caseína	*fluíram*	*panteísmo*	*viúvo*

A presente regra aplica-se às formas verbais combinadas com os pronomes *-lo(s)* e *-la(s)* em que o *-i* tônico, em hiato, forma sílaba sozinho:

---

*Cf. *Bahia*, (nome do estado).

atraí-lo(s)
atraí-la(s)
atraí-lo(s)-ia
possuí-la(s)
possuí-la(s)-ia

A regra não se aplica, se o *i* e o *u* tônicos são nasais:

ainda	*fuinha*
bainha	*moinho*
Coimbra	*rainha*
constituinte	*sainha*
Fontainha	*triunfo*

5.5 Os acentos diferenciais das seguintes palavras, de significados distintos, escritas com as mesmas letras e timbre da tônica diferente:

(REGRA NOVA)

a) *coa, coas* (formas do verbo coar e contrações da preposição *a* + artigos *a* e *as*):

*Quem ainda **coa** café em saco de pano?*

b) *para* (verbo e preposição):

*O ônibus que vai **para** São Paulo **para** em Itatiaia.*

c) *pela* (com a vogal tônica aberta, substantivo que significa jogo ou bola; com a vogal tônica debilitada, contração antiga da preposição *per* + artigo *(l)a)*:

*Não conheço ninguém que jogue **pela**.*

***Pela** palavra se conhece quem fala.*

d) *pelo* (com a vogal tônica aberta, forma do verbo *pelar*; se fechada, substantivo; com o timbre da vogal mais debilitado, contração da antiga preposição *per* + artigo *(l)o)*:

Pelo o meu cão **pelo** menos uma vez por ano. É um animalzinho de **pelo** espesso.

e) *pera* (com a vogal tônica aberta, é substantivo e significa *pedra*, na palavra *pera-fita*. Com a vogal tônica fechada, é também substantivo, designativo da fruta da pereira, ou de porção reduzida de barba que se deixa crescer no queixo; pequena peça que contém um interruptor elétrico; nome próprio. Com a vogal debilitada, era a antiga contração da preposição *per* + artigo *a*):

Pera *é fruta saborosa.*
*O artesão premiado não conhecia **pera**-fita.*
*A **pera**, cuidadosamente penteada, dava ao jovem um ar solene de seriedade.*
*Bastava uma **pera** nova e o conserto da instalação elétrica estaria completo.*

f) *pero* (com a vogal fechada, é substantivo, correspondente a um tipo de maçã ou a nome próprio. Com a vogal debilitada, é antiga contração da preposição *per* + artigo *o*):

*A carta de **Pero** Vaz de Caminha é a certidão de nascimento do Brasil.*

g) *pola* (com a vogal tônica aberta, significa pancadaria; se fechada, broto de árvore; com a vogal debilitada, é antiga contração da preposição *per* + artigo *(l)a*):

*Raramente o termo **pola**, em qualquer de seus significados, figura na fala cotidiana do brasileiro.*

h) *polo* (com a vogal tônica aberta, signifca jogo ou extremidade; se fechada, gavião pequeno ou filhote de falcão; se debilitada, contração arcaica da preposição *por* + artigo (e) o:

*Impossível praticar **polo** no **polo** Norte.*
***Polo**, filhote de gavião ou de falcão, é palavra pouco usual no português cotidiano do Brasil.*

O significado, nesses casos, como se percebe, é determinado pelo contexto.

III. PALAVRAS PROPAROXÍTONAS

(REGRA ANTERIOR REFERENDADA)

1. Todas as palavras proparoxítonas levam acento: agudo, se a vogal é aberta, e circunflexo, se é fechada:
Na chegada ao **velódromo** os atletas degustavam **rápidas xícaras** de chocolate. Alguns não conseguiam disfarçar o cansaço e o **desânimo**.

Confira:

abóbada	*bibliômano*	*etíope*
aeródromo	*brâmane*	*êxodo*
ágape	*bússola*	*êxtase*
álcali	*cáfila*	*fac-símile*
álibi	*cânhamo*	*farândola*
âmago	*cândido*	*fenômeno*
amálgama	*cédula*	*fôlego*
América	*centrífugo*	*gárrulo*
andrógino	*chávena*	*gôndola*
anêmona	*cômputo*	*grandíloquo*
ânfora	*condômino*	*hégira*
ângelus	*cônjuge*	*hipódromo*
anódino	*cotilédone*	*idólatra*
antídoto	*cúpula*	*ídolo*
antífrase	*dálmata*	*iídiche*
antípoda	*debênture*	*ínclito*
areópago	*desânimo*	*íncubo*
aríete	*déspota*	*índigo*
arquétipo	*efêmero*	*íngreme*
autóctone	*égide*	*ínterim*
autódromo	*êmbolo*	*invólucro*
autógena	*epístola*	*janízaro*
ávido	*epíteto*	*lânguido*
azáfama	*epítome*	*leucócito*
azêmola	*equívoco*	*lôbrego*
bávaro	*estereótipo*	*máxime*

metástese	quadrúmano	tômbola
munícipe	récita	trânsfuga
númida	réprobo	trôpego
óbolo	retífica	úlcera
ômega	retrógrado	uníssono
oxídase	revérbero	úvula
pântano	rubéola	vândalo
paráfrase	sátrapa	velódromo
partícipe	sésamo	vermífugo
périplo	sêxtuplo	vérmina
plêiade	sílfide	vórtice
polígamo	sínodo	zéfiro
prístino	térmita	zênite
prófugo	tílburi	zíngara
protótipo	títere	zíngaro

Os vocábulos terminados em **-ea, -eo, -ia, -ie, -io, -ao, -ua, -ue, -uo** átonos, chamados de proparoxítonos ocasionais, também são todos acentuados:

"Esta a **glória** que fica, eleva, honra e consola." (Machado de Assis)
A **História** não gera **gênios** em **série**.
É **tênue** a certeza dos **ingênuos**.

aéreo	binômio	displicência
alimária	brônzeo	drágea
ambíguo	calcário	efígie
ânsia	calvície	equinócio
árduo	cárie	escárnio
área	cetáceo	escória
ária	cetíneo	espécie
assíduo	cizânia	espontâneo
áureo	côdea	estratégia
autópsia	consentâneo	exíguo
barbárie	crânio	exímio
beneficência	dáblio	fêmea
bilíngue	dignitário	férreo

gêmeo	mobília	sandália
gerânio	momentâneo	saponáceo
gíria	mútuo	série
grevília	náusea	serôdio
hérnia	névoa	símio
homogêneo	níveo	sinonímia
homonímia	núcleo	sósia
imobiliária	óleo	sucedâneo
iníquo	opróbrio	superfície
interstício	orquídea	supérfluo
júnior	páscoa	tirocínio
lacrimogêneo	pátio	topázio
petróleo	pecúlio	trapézio
litorâneo	petúnia	tríduo
macambúzio	planície	ubíquo
magnésia	plúmbeo	urânio
magnólia	pólio	vácuo
mídia	profícuo	vário
míngua	quíchua	várzea
míngue	récua	vídeo
minúcia	réstia	vítreo
miscelânea	rubiácea	zíngaro

2. Admitem dupla acentuação os vocábulos proparoxítonos e proparoxítonos ocasionais com as vogais tônicas *e* ou *o* em final de sílaba e seguidas de *m* ou *n* conforme o seu timbre (aberto ou fechado).

A opção vincula-se à pronúncia culta dominante na prática comunitária. No caso brasileiro, predomina a pronúncia com a vogal fechada. Deve-se, no Brasil, portanto, seguir escrevendo os vocábulos com o acento circunflexo. Exemplos:

acadêmico	*eletrônica*	*maçônico*
afônico	*encômio*	*mitômano*
agrônomo	*endêmico*	*ninfômano*
Amazônia	*epistêmico*	*nipônico*
anatômico	*fenômeno*	*oxigênio*
Antônio	*fonêmico*	*patrimônio*
Babilônia	*fotogênico*	*platônico*
biênio	*gasômetro*	*plutônico*
blasfêmia	*gênero*	*pluviômetro*
canônico	*gênio*	*polêmica*
cênico	*genômico*	*polifônico*
cômoda	*glicêmico*	*polinômio*
cômoro	*grêmio*	*primogênito*
congênere	*harmônico*	*quadriênio*
congênito	*hedônico*	*quadrigêmeo*
cônico	*helênico*	*quilômetro*
convênio	*hegemônico*	*quinquênio*
cronômetro	*hidrômetro*	*sardônico*
desarmônico	*higiênico*	*sistêmico*
diacrônico	*heterofônico*	*tectônico*
dicotiledôneo	*hormônio*	*telefônico*
dicotômico	*idôneo*	*teutônico*
econômico	*ingênuo*	*topônimo*
ecumênico	*isotônico*	*toxicômano*
edênico	*jônico*	*transgênico*
efêmero	*macedônia*	*trêmulo*

OBSERVAÇÕES

Os verbos do tipo de **aguar** e seus derivados (**apaniguar, apropinquar, averiguar, obliquar), delinquir** e afins, admitem, por força das duas pronúncias das formas rizotônicas (acento tônico no radical):

a) grafia **sem** acento, quando pronunciadas como paroxítonas, com tonicidade no *u*;

b) grafia **com** acento quando pronunciadas como proparoxítonas eventuais, com tonicidade no *i* ou no *a*:

*Cumpre que o novo chefe **apazigue** (ou **apazígue**) os ânimos exaltados.*

*É necessário que a máquina lave, **enxague** (ou **enxágue**) pelo menos cinco quilos de roupa.*

Confira:

Presente do indicativo
averiguo/averíguo
averiguas/averíguas
averigua/averígua
averiguamos/averiguamos
averiguais/averiguais
averiguam/averíguam

Presente do subjuntivo
averigue/averígue
averigues/averígues
averigue/averígue
averiguemos/averiguemos
averigueis/averigueis
averiguem/averíguem

Presente do indicativo
enxaguo/enxáguo
enxaguas/enxáguas
enxagua/enxágua
enxaguamos/enxaguamos
enxaguais/enxaguais
enxaguam/enxáguam

Presente do subjuntivo
enxague/enxágue
enxagues/enxágues
enxague/enxágue
enxaguemos/enxaguemos
enxagueis/enxagueis
enxaguem/enxáguem

Presente do indicativo	Presente do subjuntivo
delinquo/delínquo	delinqua/delínqua
delinques/delínques	delinquas/delínquas
delinque/delínque	delinqua/delínqua
delinquimos/delinquimos	delinquamos/delinquamos
delinquis/delinquis	delinquais/delinquais
delinquem/delínquem	delinquam/delínquam

A opção vincula-se à pronúncia culta dominante na prática comunitária. Consultem-se, a propósito, vocabulários e dicionários abalizados.

Na pronúncia brasileira, os verbos citados terminados em *-guar* admitem tradicionalmente as duas formas, legitimadas pelo AOLP. Em Portugal, predomina, nas formas rizotônicas, o acento tônico no *u*: *averiguo, enxaguo*.

As formas rizotônicas dos verbos *arguir* e *redarguir* deixam de ter acento gráfico no *-u* seguido de *-e* ou *-i*:

(REGRA NOVA)

arguo	argua	redarguo	redargua
arguis	arguas	redarguis	redarguas
argui	argua	redargui	redargua
arguímos	arguamos	redarguimos	redarguamos
arguís	arguais	redarguís	redarguais
arguem	arguam	redarguem	redarguam

Verbos em que, na terminação *-guir*, como *extinguir* e *distinguir*, o *u* é parte do dígrafo *gu* e em consequência não é pronunciado, são conjugados regularmente. Exemplo: *distinguir*.

Presente do indicativo	Presente do subjuntivo	Imperativo afirmativo
distingo	distinga	----------
distingues	distingas	distingue
distingue	distinga	distinga
distinguimos	distingamos	distingamos
distinguis	distingais	distingui
distinguem	distingam	distingam

USO DO ACENTO GRAVE

(REGRAS ANTERIORES REFERENDADAS)

Leva acento grave:

1. A letra *a* quando representa a fusão da preposição *a*

1.1 Com os artigos *a* ou *as:*

Vou **à** *cidade, irei* **às** *lojas de utilidades.*

Compare com:

Venho **da** *cidade, volto* **das** *lojas de utilidades.*
Foi **à** *velha cidade onde nascera.*
Buscava o retorno **à** *antiga infância e juventude,* **às** *gratas vivências acalentadas na memória.*

1.2 Com o *a* inicial de **aquele, aquela, aquilo, aqueles, aquelas, aqueloutro, aqueloutros, aqueloutra, aqueloutras** (estes quatro últimos, formas pouco usuais no português contemporâneo):

No encontro com velhos conhecidos, referiu-se **àquela** *jovem que havia conhecido menino. Alguém lhe deu notícias equivocadas. Não nos remeta* **àquilo***, censurou alguém. Dirigiu-se, então,* **àquele** *senhor que sabia velho* *dono da farmácia. Nada. **Àqueloutra** senhora, da banca de jornais. Não me refiro a essa moça, mas **àquela,** que morava na rua da Praia, disse.*

*Refiro-me **àquele** texto que você recomendou, **àqueles** romances.*

*Referiu-se a isto e **àquilo,** sem deixar claro o seu pensamento.*

*Dirijo-me não **àquele** jovem, mas **àqueloutro** que tem um livro na mão.*

1.3 Com o *a* pronome demonstrativo:

*Não, não se referia a esta senhora, mas **à** que foi sua vizinha.*
*Não estou aludindo a esta cidade mas **à** que guardo na minha lembrança de menino.*

2. Quando o *a,* seguido de uma palavra no feminino, integra expressões caracterizadoras de circunstâncias:

*Saiu **à tarde**. Entrou **à noite**, **às pressas**, na casa antiga. Pôs-se **à vontade**. **À meia-noite**, jantou bife **à milanesa**, em frente **à televisão**.*

➲ LEMBRETES

- ✦ Em expressões como *vou a casa*, meu domicílio, o *a* não leva o acento grave, porque se trata simplesmente da preposição e não fusão com o artigo *a*. Compare:
  *Vim **de** casa/ Volto **a** casa.*
- ✦ Se a *casa* vem acompanhada de qualquer elemento, mesmo sendo minha, o artigo *a* se junta à preposição:
  *Vou **à** minha casa de veraneio.*
  (Cf. *Venho **da** minha casa de veraneio. Vou **ao** meu sítio.*)
- ✦ Se o *a* vem junto da palavra *terra* numa frase que indique o desembarque de um navio, também não há fusão, logo não se usa o acento grave:
  *Vou **a** terra.* (Cf. *Vou a bordo.*)

+ Se a palavra *terra* não está sozinha, o artigo se apresenta e se funde com a preposição:

Vou à terra dos meus pais.

+ Se a preposição vem antes de nomes de cidades, países, bairros, ilhas em que não figura o artigo, como *Colônia, Angola, Vila Isabel, Marajó,* não se usa o acento grave, porque não existe a crase dos *as*:

Fui a Colônia e a Angola.

O velho boêmio voltou a Vila Isabel.

Fui a Marajó, no mês passado.

+ Se esses nomes vierem acompanhados, a crase se faz presente e é indicada pelo acento grave:

Fui à Colônia das antigas catedrais.

Meu avô foi à Angola de suas velhas lembranças.

O grupo de turistas dirigiu-se a Vila Isabel, à antiga Vila, à Vila de Noel Rosa.

Depois foi à Marajó dos grandes búfalos.

+ O acento grave pode ser usado diante de substantivo masculino apenas quando se omite substantivo feminino subentendido:

Tinha um estilo à Rui Barbosa. (Entenda-se: à maneira de Rui Barbosa.)

Escreveu uma carta à Volkswagen. (Entenda-se: à fábrica ou à concessionária Volkswagen.)

É FACULTATIVO O USO DO ACENTO GRAVE:

a) Antes dos pronomes possessivos:
Dê um presente à sua irmã.
ou
Dê um presente a sua irmã.
Refiro-me à tua ida a São Paulo.
ou
Refiro-me a tua ida a São Paulo.

Isso acontece porque usamos o pronome com ou sem artigo:
Sua irmã mandou lembranças.
ou
A sua irmã mandou lembranças.

b) Diante de nomes próprios femininos, pela mesma razão:
Dê meu recado a Mariazinha.
ou
Dê meu recado à Mariazinha.

Compare com:
>*Dê meu recado ao Mário.*
>*ou*
>*Dê meu recado a Mário.*

c) Quando o *a* vem precedido de até:
Até a (ou à) volta.
Daqui até aquele (ou àquele) rio há um quilômetro e meio.
Até aquela (ou àquela) estrada a distância é um pouco maior.

NÃO SE USA O ACENTO GRAVE, PORQUE NÃO EXISTE CRASE:

a) Diante de palavra de sentido indefinido:

*O desconhecido dirigiu-se **a** certa casa das vizinhanças.*
*Falou **a** uma senhora que parecia conhecer.*
*Fez alusão **a** toda a família dela.*

b) Diante de pronomes pessoais e de tratamento:

*Dirija-se **a** ela, à moça da caixa.*
*Solicito **a** V. S.ª a mudança do meu endereço.*

c) Diante de verbo no infinitivo:

*A fábrica anunciou um novo carro **a** sair no próximo mês.*

d) Em expressões compostas de palavras repetidas:

*Frente **a** frente com a ex-namorada desmaiou de emoção.*
*Gota **a** gota, o vazamento acabou por destruir o teto do banheiro.*

e) Diante de *que, cujo, quem*, antecedidos de *a*:

*Esta é a jovem **a** quem aludi.*
*A escritora **a** cujo poema me referi viajou para Porto Alegre.*
*A jornalista **a** quem você encaminhou seus originais entrou de férias.*

Mas atenção:

Quando, em frase sucessiva, ocorre a omissão do substantivo antecedente a que se faz referência, usa-se o acento grave:

*Não me refiro a esta **senhora**, mas **à** que acabou de sair da sala.*

Confira:

> Quem saiu **à uma hora**, saiu quando o relógio marcava treze horas ou uma hora da madrugada.
>
> Quem saiu **há uma hora**, saiu faz sessenta minutos.
>
> Se vai sair daqui **a uma hora**, tem ainda sessenta minutos para sair.

✤ Mantém-se a omissão do acento grave nos advérbios em -*mente,* derivados de adjetivos com acentos agudo e também nas palavras derivadas em que figura a consoante de ligação *z* antes do sufixo: *somente, cafezinho.*

As regras de acentuação aplicam-se aos nomes próprios, aos compostos e aos derivados

USO DO TREMA

(REGRA NOVA)

1. Mantém-se nos nomes próprios estrangeiros e seus derivados: *Hübner, hübneriano, Müller, mülleriano;*

2. Pode ser utilizado em obras especializadas para indicar, caracterizada a cincunstância, que o *u* se pronuncia. Exemplo: *aguentar (ü), u.*

3. Elimina-se em todos os demais casos em que antes era utilizado.

RESUMO DAS REGRAS DE ACENTUAÇÃO GRÁFICA
USO DOS ACENTOS AGUDO E CIRCUNFLEXO

I. PALAVRAS OXÍTONAS

1. Levam acento as oxítonas terminadas em:

a) *-o(s), -e(s), -a(s)* (fechadas ou abertas): *avô, avó, avós, café, cafés, bibelô, bibelôs, ipê, ipês, manganês, sofá, sofás, só, sós, vô, vôs, vós, pé, pés, pá, pás, pó, pós;*

b) **-ém, -éns, com mais de uma sílaba** — circunflexo na terceira pessoa do plural do presente do indicativo dos derivados de *ter* e *vir,* agudo nas demais: *convém, convêm, detém, detêm, alguém, vintém, também, amém;*

c) *-êm,* nas formas da terceira pessoa do plural de *ter* e *vir: eles têm, eles vêm;*

d) *-éis, -ói (s), -éu(s)*: *aluguéis, réis, anzóis, mói, povaréu, troféus, véu, céus;*

e) *i(s)* e *u(s)* (em hiato): *aí, atraí, país, baú, baús, Grajaú, teiús;*

f) a forma verbal *pôr*.

ATENÇÃO:

O *i* nasal não leva acento gráfico. Exemplos: *ruim, ruins*.

2. Admitem dupla acentuação gráfica:

a) Algumas oxítonas terminadas em *e*. Exemplos: *bebê/bebé, bidê/bidé, canapê/canapé, crochê/croché, guichê/guiché, nenê/nené, purê/puré*.

Recomenda-se a opção pela forma correspondente à pronúncia comunitária de maior frequência.

b) Algumas oxítonas terminadas em *o*. Exemplos: *cocô/cocó, cocoricô/cocoricó*.

3. Mantém-se o acento de *pôr*, verbo, para distinguir da preposição *por*.

4. Acentuam-se ou não, conforme a pronúncia: *judô/judo, metrô/metro*.

II. PALAVRAS PAROXÍTONAS

1. Acentuam-se as paroxítonas terminadas em:

-ã(s), -ão(s), -ei(s), -i(s), -um, -uns, -us, -l, -n, -on(s), -ps, -r, -x: *imã, órfã, órfãs, bênção, bênçãos, órfão, órfãos, táxi, bílis, fáceis, fósseis, fôsseis, álbum, álbuns, fícus, tríceps, fácil, níquel, hífen, cróton, crótons, bíceps, tríceps, açúcar, caráter, clímax, tórax*.

Excetuam-se os prefixos terminados em *r: hiper-, super-, inter-*.

2. Admitem dupla acentuação gráfica:

algumas paroxítonas terminadas em **e** ou **o** em fim de sílaba, seguidas de **m** ou **n**: *bônus/bónus, fêmur/fémur, fênix/fénix, pônei/pónei, tônus/tónus, Vênus/Vénus.*

Recomenda-se a opção pela forma correspondente à pronúncia comunitária de maior frequência.

3. Admitem acentuação facultativa:

paroxítonas do tipo ***amámos, louvámos,*** formas verbais do pretérito perfeito do indicativo, para serem distinguidas de *amamos, louvamos*, formas do presente. A forma **dêmos**, primeira pessoa do plural do presente do indicativo. A diferença não é adotada no Brasil;

a paroxítona ***fôrma,*** substantivo, para diferenciá-la de *forma*, substantivo e verbo:

A fôrma não forma bons poetas.

O uso do acento evita ambiguidade.

4. Deixam de ser acentuados:

a) os encontros **-eem** das terceiras pessoas do plural dos verbos ler, dar, crer, ver e seus derivados: *leem, releem, deem, desdeem, creem, descreem, veem, reveem;*

b) os encontros **-oo(s)** finais: *abençoo, coo, enjoo, enjoos, povoo, voo, voos;*

c) os ditongos **-ei** e **-oi**, exceto quando o vocábulo termina em r: *assembleia, boia, elipsoide, moloide, onomatopeia, tramoia, zebroide*. Mas: *contêiner, destróier, Méier.* (Nas oxítonas continuam com o acento: *coronéis, anzóis, remói, réis, rói, sóis*);

d) o *i* e o *u* nas palavras em que vêm precedidos de ditongo: *baiuca, boiuna, feiura, cheiinho.* (Nas oxítonas continuam acentuados: *tuiuiú, teiú, teiús.*

e) Os vocábulos *coa, coas, para, pela, pelo, pera, pero, pola, polo,* independentemente do timbre das vogais da primeira sílaba.

5. Mantém-se:

a) o acento agudo no *i* e no *u* se formam sílaba sozinhos ou seguidos de *s*: *balaústre, paraíso, genuíno, heroína, ruído, saída;*

b) o acento diferencial da paroxítona *pôde*, forma do pretérito perfeito do indicativo de poder, para diferenciá-la de *pode*, forma do presente do mesmo modo indicativo.

III. PALAVRAS PROPAROXÍTONAS

1. Acentuam-se todas, inclusive as chamadas proparoxítonas ocasionais: *aeródromo, América, cúpula, abóbora, rápido, munícipe, aéreo, aérea, áureo, ânsia, série, gênio, mágoa, língua, tênue, mútuo.*

2. Admitem dupla acentuação gráfica:
a) as proparoxítonas e proparoxítonas ocasionais com as vogais tônicas *e* e *o* em final de sílaba e seguidas de *m* ou *n*. A grafia deve corresponder à pronúncia geral do país. No caso brasileiro, com circunflexo: *acadêmico, afônico, Amazônia, patrimônio, quilômetro;*

b) formas dos verbos do tipo aguar e derivados, apaziguar, apropinquar, averiguar, obliquar, delinquir e afins que podem ser pronunciadas e, por consequência, escritas de duas formas:

— como paroxítonas, com acento tônico no *u* e sem acento gráfico: *apazigue, enxague, apropinque, oblique;*

— como proparoxítonas ocasionais, com acento gráfico no *i* ou no *a*: *apazígue, enxágue, apropínque, oblíque.*

USO DO ACENTO GRAVE

I. LEVA ACENTO GRAVE A LETRA A

1. Quando representa a fusão da preposição *a*
a) com os artigos *a* ou *as*: *Vou à cidade; vou às lojas.*

b) com o *a* inicial de aquele, aquela, aquilo, aqueles, aquelas, aqueloutro, aqueloutra, aqueloutros, aqueloutras:

Refiro àquele livro, e não àquela revista.
Não nos remeta àquilo de que falamos.
Dirija-se àqueloutra porta.

c) com o *a* pronome demonstrativo:

Não estou aludindo a esta cidade, mas à que guardo na minha recordação de criança.

d) com o *a* diante de substantivo masculino, quando o feminino está subentendido:

Tinha um estilo à Machado de Assis.

2. Quando o *a*, seguido de palavra no feminino, integra expressões caracterizadoras de circunstâncias: *à tarde, à noite, às pressas, à vontade, à mercê.*

II. É FACULTATIVO O USO DO ACENTO GRAVE

1. Antes de pronomes possessivos:
Dê um presente à sua prima (ou *a sua prima*).

2. Diante de nomes próprios femininos:
Dê notícias à Maria (ou *a Maria*).

3. Diante da preposição até:
Até à volta (ou *a volta*).

III. NÃO SE USA O ACENTO GRAVE, PORQUE NÃO EXISTE CRASE:

1. Diante de palavra de sentido indefinido:
O jovem dirigiu-se a certa casa das proximidades.

2. Diante de pronomes pessoais e de tratamento:
Dirija-se a ela, é a moça da caixa. Dirijo-me a V.S.ª.

3. Em expressões compostas de palavras repetidas:
frente a frente, face a face.

4. Diante de verbo no infinitivo:
Estava acostumado a evitar aborrecimentos.

5. Diante de **que, cujo, quem,** antecedidos de **a:**
*Este é o jovem a quem fiz referência.
O escritor a cujo poema você aludiu, está fora do país.*

Uso do hífen

EMPREGA-SE O HÍFEN:

1. em determinadas palavras compostas (formadas por composição), ou seja, constituídas de mais de um radical e oriundas da junção de dois elementos na constituição de uma unidade nova com significado único e permanente: *amor-perfeito, terra-mãe, decreto-lei;*

2. em algumas locuções de qualquer tipo: *água-de-cheiro, água-de-colônia, ao deus-dará, à queima-roupa, mais-que-perfeito, cor-de-rosa;*

3. na indicação de encadeamentos vocabulares, isto é, combinações ocasionais de palavras que se juntam, mas não formam propriamente vocábulos: *Ponte Rio-Niterói, Estrada Rio-Petrópolis;*

4. em determinadas palavras formadas por prefixação (derivação prefixal), vale dizer, palavras *simples* que resultam de outras, com o acréscimo de um prefixo a um radical: *ex-aluno, sota-mestre, ante-histórico;*

5. em determinadas palavras formadas por recomposição, ou seja, formadas de elementos não autônomos ou falsos prefixos, de origem grega ou latina: *extra-humano, arqui-inimigo, semi-internato;*

6. em determinadas palavras formadas por sufixação (ou derivação sufixal), isto é, palavras *simples* que resultam de outras com acréscimo de um sufixo a um radical: a*najá-mirim, capim-açu, teiú-açu, amoré-guaçu;*

7. na união de pronomes átonos com as formas verbais: *amá-lo, falar-lhe, dir-te-ei, fá-lo-emos;*

8. na indicação da divisão silábica: *a-mor, fo-ne-ma, vo-cá-bu-lo, sau-da-de;*

9. na translineação, na passagem da palavra, na escrita, de uma linha para outra. Exemplo: *esperan-ça.*

O HÍFEN EM PALAVRAS COMPOSTAS

USA-SE:

1. Nos compostos que não apresentam palavras de ligação e cujos elementos formadores – sejam substantivos, adjetivos, numerais ou verbos – mantêm cada um sua forma e sua independência fonética e, juntos, ganham novo sentido. Exemplos:

água-forte	*baixo-relevo*	*estrato-cúmulo*
água-furtada	*banho-maria*	*estrato-nimbo*
água-marinha	*barriga-verde*	*finca-pé*
alcaide-mor	*beija-mão*	*guarda-chuva*
alta-costura	*beira-mar*	*guarda-noturno*
alta-fidelidade	*cabeça-chata*	*guarda-sol*
altar-mor	*cabeça-dura*	*lança-chamas*
alta-roda	*caixa-alta*	*má-formação*
amor-próprio	*caixa-forte*	*mato-grossense*
ano-luz	*caixa-preta*	*médico-cirurgião*
arco-íris	*capitão-tenente*	*meia-armador*
ave-maria	*cata-vento*	*meia-calça*
azul-escuro	*conta-gotas*	*meia-estação*
baixo-astral	*decreto-lei*	*meia-idade*
baixo-latim	*estrato-cirro*	*meia-luz*

meia-noite	*papel-moeda*	*quebra-vento*
meia-sola	*para-raios*	*salvo-conduto*
meia-tigela	*pedra-pomes*	*segunda-feira*
meia-tinta	*pedra-ume*	*seu-vizinho*
meia-vida	*ponta-cabeça*	*sul-africano*
meia-volta	*porta-retrato*	*surdo-mudo*
meio-campo	*porto-alegrense*	*tenente-coronel*
meio-dia	*primeiro-ministro*	*tio-avô*
meio-fio	*primeiro-sargento*	*trinitário-tobagense*
meio-irmão	*quadro-negro*	*troca-tintas*
meio-termo	*quebra-galho*	*turma-piloto*
meio-tom	*quebra-gelo*	*vaga-lume*
navio-escola	*quebra-luz*	*vagão-dormitório*
navio-tanque	*quebra-mar*	*vagão-leito*
norte-americano	*quebra-molas*	*vale-refeição*
papel-carbono	*quebra-nozes*	*vale-transporte*

(REGRA ANTERIOR REFERENDADA)

2. Nas palavras da mesma natureza das configuradas no item 1 em que o primeiro elemento é reduzido. Exemplos:

afro-americano	*anglo-germânico*	*grão-ducado*
afro-ameríndio	*anglo-saxão*	*grão-mestre*
afro-asiático	*cipro-luso-brasileiro*	*luso-brasileiro*
afro-baiano	*dólico-louro*	*luso-britânico*
afro-luso-brasileiro	*euro-africano*	*luso-hispânico*
anglo-americano	*euro-árabe*	*luso-japonês*
anglo-canadense	*euro-asiático*	

(REGRA ANTERIOR REFERENDADA)

☞ Há compostos em que os termos reduzidos adjetivam o segundo elemento que é, portanto, de natureza substantiva. O AOLP não traz referência expressa a tal circunstância, o que conduz à necessidade de interpretação. É recomendável, no caso, como propõe Evanildo Bechara, escrevê-las sem o hífen, forma tradicionalmente adotada. Exemplos:

afrodescendente   eurocentricismo   francofalante
anglofalante   eurocomunista   lusocultura
anglomania   eurodeputado   lusoparlante
anglomaníaco   euromercado   lusotropicalismo

3. Nas palavras compostas que designam espécies botânicas e zoológicas, estejam ou não ligadas por preposição ou qualquer outro elemento. Exemplos:

abóbora-menina   erva-de-santa-maria   rábano-rústico
amor-perfeito   erva-doce   raiz-de-chá
andorinha-do-mar   erva-do-chá   sabiá-coleira
ave-do-paraíso   ervilha-de-cheiro   sabiá-laranjeira
bem-me-quer   espora-de-galo   sempre-viva
bem-te-vi   fava-de-santo-inácio   surubim-pintado
bênção-de-deus   formiga-branca   tatu-bola
bico-de-lacre   lesma-de-conchinha   tatu-canastra
cobra-capelo   lobo-marinho   três-irmãos
cobra-d'água   mimo-de-vênus   unha-de-gato
copo-de-leite   papa-terra   vespa-caçadora
couve-flor   peixe-boi   xuê-açu
erva-cidreira   quina-da-serra   zabumba-branca

(REGRA ANTERIOR REFERENDADA: ERA PRÁTICA COMUM NO ÂMBITO DA CIÊNCIA)

Formações similares constituídas de locuções com mais de dois elementos dispensam o hífen, quando forem usadas fora do âmbito de significado da zoologia ou da botânica. Compare:

bico-de-papagaio (planta) e *bico de papagaio* (deformação na articulação das vértebras, nariz curvo); *cabelo-de-anjo* (planta) e *cabelo de anjo* (massa); *mão-de-vaca* (espécie de árvore); *mão de vaca* (mocotó; logro, sovina); *não-me-toques* (planta, o mesmo que *maria-sem-vergonha, beijo-de-frade* e *espinho-de-santo-antônio*) e *não me toques* (melindres).

4. Nos compostos em que figuram **além, aquém, recém, sem**. Exemplos:

além-Atlântico	recém-aberto	sem-par
além-fronteira	recém-admitido	sem-pudor
além-fronteiras	recém-casado	sem-pulo
além-mar	recém-chegar	sem-razão
além-mundo	recém-colhido	sem-sal
além-país	recém-concluído	sem-segundo
além-túmulo	recém-conquistado	sem-termo
aquém-fronteiras	recém-depositado	sem-terra
aquém-mar	recém-descoberto	sem-teto
aquém-oceano	recém-fechado	sem-trabalho
aquém-Pirineus	sem-cerimônia	sem-vergonha
recém-emancipado	sem-família	sem-vergonhice
recém-fabricado	sem-fim	sem-vergonhismo

O AOLP unificou o uso: na regra anterior, os compostos com *aquém* e *além* dispensavam o hífen quando o segundo elemento era nome próprio.

Se os nomes próprios nesses compostos não se afastam do significado primeiro, devem ser escritos com maiúscula inicial: **além-Atlântico, aquém-Pirineus.***

5. Nos compostos com **bem** e **mal**, quando formam com o segundo elemento unidade sintagmática e semântica e este começa por **vogal** ou por **h**:

bem-acabado	mal-acabado
bem-acondicionado	mal-acondicionado
bem-acostumado	mal-acostumado
bem-afamado	mal-afamado
bem-afortunado	mal-afortunado
bem-agradecido	mal-agradecido
bem-ajambrado	mal-ajambrado

---

*O AOLP registra Pirinius. O VOLP, 5 ed., traz a forma Pirineus, usual no Brasil.

bem-amado	mal-amado
bem-andança	mal-andança
bem-apanhado	mal-apanhado
bem-apessoado	mal-ajeitado
bem-apresentado	mal-apresentado
bem-arranjado	mal-arranjado
bem-arrumado	mal-arrumado
bem-aventurar	mal-aventurar
bem-avisado	mal-avisado
bem-educado	mal-educado
bem-encarado	mal- encarado
bem-ensinado	mal-ensinado
bem-estar	mal-estar
bem-humorado	mal-humorado
bem-ouvido	mal-ouvido
bem-ordenado	mal-ordenado

O advérbio **bem**, entretanto, ao contrário do advérbio **mal**, pode vir separado por hífen em inúmeras palavras em que o segundo elemento começa por consoante. Para identificá-las na totalidade, cumpre consultar vocabulários e dicionários abalizados. Compare os exemplos:

bem-casado	malcasado
bem-comportado	malcomportado
bem-conceituado	malconceituado
bem-conformado	malconformado
bem-criado	malcriado
bem-ditoso	malditoso
bem-dizer	maldizer
bem-dormido	maldormido
bem-dotado	maldotado
bem-fadado	malfadado
bem-falante	malfalante

bem-mandado	*malmandado*
bem-nascido	*malnascido*
bem-posto	*malposto*
bem-sucedido	*malsucedido*
bem-vindo	*malvestido*
bem-visto	*malvisto*

Em certas palavras, porém, não se usa o hífen, tenha ou não o segundo elemento existência à parte. O texto do AOLP cita como exemplos, nesse caso, apenas *benfazejo, benfeito, benfeitor, benquerença*, acompanhados de *etc*. Parece-me pertinente, a propósito, manter a grafia dessas palavras e das que lhes sejam afins tradicionalmente registradas nos vocabulários e dicionários. Exemplo:

benfazejo	*benfeitor*	*benquerer*
benfazente	*benfeitoria*	*benquerença*
benfazer	*benfeitorização*	*benquisto*
benfeito	*benfeitorizar*	*benquistar*

Dispensam, por extensão, a presença do hífen os topônimos *Bembom, Bencanta, Bemposto* e *Benfica*.

Quanto a *mal* que, no registro do texto do AOLP, como vimos, também pode dispensar ou não o hífen, é apropriado seguir também a tradição lexicográfica:

a) escrevem-se com hífen as palavras em que o segundo elemento começa por *vogal, h* e *l*: *mal-acabado, mal-arranjado, mal-arrumado, mal-educado, mal-humorado, mal-intencionado, mal-limpo*;

b) o hífen também deve ser usado se *mal* significa doença. Exemplos: *mal-caduco* (o mesmo que epilepsia), *mal-canadense, mal-céltico, mal-francês* (designações de sífilis).*

---

*O AOLP referenda malmequer ao lado de *bem-me-quer* (cf. Base XV, par. 20).

6. Nos nomes de lugar (topônimos):

a) iniciados pelos adjetivos *grão*, *grã*:

Grão-Pará
Grã-Bretanha
Grã-Canária

b) iniciados por forma verbal:

Abre-Campo
Passa-Quatro
Passa-Três
Quebra-Costas
Quebra-Dentes
Traga-Mouros
Trinca-Fortes

c) com os elementos ligados por artigo:

Albergaria-a-Velha
Baía-de-Todos-os-Santos
Entre-os-Rios
Montemor-o-Novo
Trás-os-Montes

Nos demais topônimos não se usa o hífen e os termos que integram a palavra composta escrevem-se separadamente:

América do Norte	*Cruzeiro do Sul*	*Porto Alegre*
América do Sul	*Feira de Santana*	*Porto de Galinhas*
Belo Horizonte	*Ferreira do Alentejo*	*Porto Seguro*
Cabeceiras de Basto	*Freixo de Espada à*	*Rio Grande do Norte*
Cabo Verde	*Cinta*	*Rio Grande do Sul*
Cachoeira dos Índios	*Itaim Bibi*	*São José dos Pinhais*
Caldas Novas	*Jaraguá do Sul*	*São Tomé e Príncipe*
Campo Belo	*Mato Grosso do Sul*	*Terra do Fogo*
Campo Grande	*Passo Fundo*	*Timbé do Sul*
Cedro de São João	*Patos de Minas*	*Viana do Castelo*

EXCEÇÃO:

Guiné-Bissau, por força do uso tradicional.

➲ *LEMBRETES*

✦ ***Timor-Leste*** é escrito com hífen no texto do AOLP.
✦ Mantém-se o hífen nos compostos designadores de gentílicos derivados dos nomes de lugar (topônimos), presentes ou não palavras de ligação entre os elementos que os constituem. Exemplos:

belo-horizontino	*campo-grandense*	*mato-grossense-do-sul*
cabo-verdense	*cruzeirense-do-sul*	*passo-fundense*
cabo-verdiano	*diogo-lopense*	*pato-branquense*

NÃO SE USA HÍFEN:

Nos compostos em que, em certa medida, se perdeu a noção de composição. Exemplos:

aguardente	*madrepérola*	*passatempo*
auriverde	*madressilva*	*pernalta*
boquiaberto	*malcriação*	*planalto*
boquirroto	*mandachuva*	*pontapé*
fidalgo	*paraquedas*	*rodamoinho*
girassol	*paraquedista*	*rodapé*

(REGRA ANTERIOR REFERENDADA)

✎ *OBSERVAÇÕES*

Os compostos em que se perdeu a noção de composição necessitam, para serem como tal identificados, do aval de vocabulários e de dicionários abalizados. O AOLP, a propósito, situa, nesse caso, entre os exemplos, algumas palavras que antes admitiam o hífen, como *paraquedas* e *mandachuva*, e referenda a forma *malcriação*. No VOLP, 5 ed., o hífen é mantido nos demais compostos com os elementos *para-* e *manda-* de natureza verbal similar. Exemplos: *para-brisa, para-choque, para-chuva, para-lama, para-raios, para-sol, manda-lua, manda-tudo*. Compare com os compostos em que *para-* quer dizer *junto, paralelamente: paradidático, paraestatal, paramédico, paramilitar, paranormal*.

O OALP não faz referência explícita a compostos em que o segundo elemento é *mor*, mas traz, entre os exemplos, *alcaide-mor*, o que autoriza a manutenção da grafia fixada pela tradição. Exemplos: *capitão-mor, copeiro-mor, guarda-mor*.

A tradição lexicográfica registra oscilações gráficas como *geo-história, geoistória* e *geistória*. O item 6.1 da Nota Explicativa do AOLP leva a depreender que o documento regulador recomenda a forma *geo-história*, por força da simplificação objetivada pelos critérios nele fixados. Excetuam-se formas consagradas, como *cloridrato*.

No caso de palavras em que se dá natural e tradicionalmente a crase das vogais que terminam o prefixo e começam o segundo elemento, recomenda-se a sua permanência: *telespectador, telespetáculo, radiouvinte*.

O hífen continua presente (por força das regras anteriormente estabelecidas, uma vez que o texto do AOLP a elas não alude explicitamente e, por consequência, diante da orientação que dele se depreende, as referenda):

a) em compostos de palavras repetidas, com ou sem alternância de consoantes ou vogais. A regra nº 1 relativa aos compostos, implicitamente o justifica. Exemplos:

agora-agora   *mexe-mexe*   *tico-tico*
assim-assim   *pinga-pinga*   *treme-treme*
bangue-bangue   *pisca-pisca*   *troca-troca*
bate-bate   *pula-pula*   *vai-vai*
corre-corre   *puxa-puxa*   *xique-xique* (ganzá,
lenga-lenga   *quebra-quebra*   chocalho)*
logo-logo   *reco-reco*   *zigue-zague*
                                         zum-zum

---

*Cf. *xiquexique*: espécie botânica.

Palavras onomatopaicas, como *gugu*, *dada*, *gluglu*, *bumbum* e semelhantes, em que não há **vocábulos** repetidos, não se escrevem com hífen.

b) em compostos de verbos de sentido oposto:

ganha-perde   *perde-ganha*
puxa-encolhe   *vai-volta*

Exceção: *vaivém*

c) nos nomes dos dias da semana:

segunda-feira   *quinta-feira*
terça-feira   *sexta-feira*
quarta-feira

d) em compostos feitos de verbo + substantivo, excetuados aqueles em que se perdeu a noção de composição:

bate-boca   *bate-papo*
bate-bola   *bate-pé*
bate-chapa   *bate-sola*
bate-enxuga   *faz-tudo*
bate-estacas   *louva-deus*

 OBSERVAÇÃO

Em expressões que constituem unidades fraseológicas complexas integradas por mais de dois elementos (lexias nominalizadas), concordo com a interpretação de E. Bechara, não se deve, em função dos fundamentos do AOLP, usar o hífen. Exemplos:

bate não quara
bumba meu boi
chove não molha
faz de conta
tomara que caia

deus nos acuda
disse me disse
maria vai com as outras
vai não vai
Salve-se quem puder
(REGRA NOVA)

O HÍFEN NAS LOCUÇÕES

Por locução entende-se, no espaço da gramática, uma reunião de palavras que mantêm individualidade fonética e morfológica e significado conjunto próprio e função gramatical única.

Não se usa hífen nas locuções de qualquer tipo – substantivas, adjetivas, pronominais, verbais, adverbiais, prepositivas, conjuncionais ou interjeicionais. Exemplos:

baba de moça
de cabelinho nas ventas
fim de semana
nós mesmos
hei de vencer
pé de vento
ponto e vírgula
dança de santo antônio
a fim de
à proporção que
ai de mim

Excetuam-se:

1. algumas dentre elas, por força da tradição:
água-de-colônia
à queima-roupa
arco-da-velha

cor-de-rosa
mais-que-perfeito
ao deus-dará
pé-de-meia
(REGRA ANTERIOR REFERENDADA)

2. os conjuntos em que haja elemento precedido de apóstrofo:
barriga-d'água
caixa-d'água
mestre-d'armas
praça-d'armas
mãe-d'água
(REGRA ANTERIOR REFERENDADA)

3. os nomes de espécies botânicas e zoológicas, como já foi assinalado:
andorinha-do-mar
bico-de-lacre
copo-de-leite
erva-de-santa-maria
ervilha-de-cheiro
fava-de-santo-inácio
lesma-de-conchinha
(REGRA NOVA)

 OBSERVAÇÃO

Em locuções em que figuram nomes próprios, estes devem ser escritos com inicial minúscula, por força de integrarem a locução (cf. **água-de-colônia**). Exemplos:

água da rainha da hungria
dança da santa cruz
dança de santo antônio
dança de são gonçalo

➲ *LEMBRETE*

✦ Outros exemplos de locuções em que não se usa o hífen:

SUBSTANTIVAS

balão de ensaio	cão de guarda	pé de valsa
bico de jaca	capitão de fragata	pó de arroz
bico de pena	capitão de longo	pôr do sol
boca de fogo	curso	quarto de círculo
boca de fumo	general de brigada	rabo de arraia
cabeça de porco	mão de obra	rabo de saia
café da manhã	pé de atleta	sala de dança
calcanhar de aquiles	pé de chinelo	sala e quarto
cama de gato	pé de moleque	
câmara de ar	pé de parede	

ADJETIVAS

cor de açafrão	cor de vinho
cor de café com leite	de cabeça oca

PRONOMINAIS

cada um	eles próprios	seja quem for
cada qual	quem quer que seja	seja qual for
ele próprio	todo aquele que	

ADVERBIAIS

à beça	de uma assentada	face a face
à parte*	de vez em quando	frente a frente
a sono solto	depois de amanhã	lado a lado
à vontade	dia a dia	por isso
de mais**	em cima	pouco a pouco
de trás para a frente	em flagrante	todo santo dia
de través	em tudo e por tudo	uma ou outra vez

---

*Cf. *aparte*, s.m.
**Por oposição a *de menos*. (Cf. *demais*, adv. prep. etc.)

PREPOSITIVAS

a despeito de   adiante de   graças a
a par de   apesar de   perto de
à parte de   atrás de   por baixo de
abaixo de   debaixo de   por cima de
acerca de   em vez de   quanto a
acima de   enquanto a

CONJUNCIONAIS OU CONJUNTIVAS

a fim de que   desde que   por isso que
antes que   já que   posto que
ao passo que   logo que   sem que
contanto que   na medida em que   sempre que
dado que   por conseguinte   visto que

INTERJETIVAS

ora bolas!   valha-me Deus!
raios te partam!

OBSERVAÇÕES

À toa, como locução adverbial, passa a usar-se sem hífen, como acontecia com a sua condição de locução adjetiva:
*Não perca seu tempo **à toa**.*
*Uma vida **à toa** não se justifica.*

Há locuções similares em que, como foi assinalado, a presença ou a ausência do hífen configura diferentes significados. Exemplos:
cabeça-de-negro (espécie de fruta)
cabeça de negro (modalidade de bomba)
pé-de-galinha (espécie de planta)
pé de galinha (ruga)
cabeça-de-medusa (espécie animal)
cabeça de medusa (constelação; pessoa feia)
rabo-de-cavalo (espécie botânica)
rabo de cavalo (tipo de penteado)

⮕ *LEMBRETE*

✦ Seguem sem hífen as locuções latinas, usadas como tais, não substantivadas ou não aportuguesadas. Exemplos:

(REGRA ANTERIOR REFERENDADA)

a posteriori	*data venia*	*in petto*
a priori	*ex libris*	*inter vivos*
ab aeterno	*exempli gratia*	*intra vivos*
ab alto	*grosso modo*	*ipsis litteris*
ab ovo	*habeas corpus*	*ipso facto*
ad hoc	*honoris causa*	*lato sensu*
ad libitum	*in absentia*	*mutatis mutandis*
ad immortalitatem	*in extenso*	*sine die*
ad litteram	*in extremis*	*sine qua non*
ad referendum	*in fine*	*stricto sensu*
ante meridiem	*in limine*	*sui generis*
carpe diem	*in loco*	*verbi gratia*
causa mortis	*in memoriam*	*verbo ad verbum*

A substantivação leva ao uso do hífen: o *habeas-corpus*, o *ex-libris*, o *modus-vivendi*, a *causa-mortis*. O aportuguesamento também: *in-oitavo* (*in octavo*).

O HÍFEN NA INDICAÇÃO DE ENCADEAMENTOS VOCABULARES

Encadeamentos vocabulares são:

a) combinações ocasionais de palavras que se juntam, mas não formam propriamente vocábulos. Exemplos:

Liberdade-Igualdade-Fraternidade (lema da Revolução Francesa)
ponte Rio-Niterói
percurso Lisboa-Coimbra-Porto
ligação Angola-Moçambique

b) combinações históricas ou também ocasionais de topônimos:

Áustria-Hungria
Alsácia-Lorena

Escrevem-se com hífen, como mostram os exemplos.

O HÍFEN EM PALAVRAS DERIVADAS POR PREFIXAÇÃO E POR RECOMPOSIÇÃO

USA-SE:

1. Nas formações em que o prefixo ou pseudoprefixo termina na *mesma vogal* que inicia o segundo elemento ou em que este começa pela *letra h*. Exemplos:

ante-hipófise	*anti-higiênico*	*anti-infeccioso*
ante-histórico	*anti-hipertensivo*	*anti-inflacionário*
anti-helmíntico	*anti-hipnótico*	*anti-inflamatório*
anti-hemorrágico	*anti-hipocondríaco*	*anti-intelectual*
anti-herói	*anti-histamínico*	*arqui-hipérbole*
anti-herpético	*anti-horário*	*arqui-inimigo*
anti-hidrofóbico	*anti-ibérico*	*arqui-irmandade*
anti-hidrópico	*anti-ictérico*	*auto-hemoterapia*

auto-observação	extra-atmosférico	proto-hitita
auto-oscilação	extra-axilar	pseudo-hemoptise
beta-hemolítico	extra-humano	pseudo-história
co-hipônimo	hidro-haloisita	pseudo-ortorrômbico
contra-acusação	infra-assinado	psico-história
contra-acusar	infra-axilar	psico-historiador
contra-almirante	infra-hepático	semi-heresia
contra-apelo	infra-hioide	semi-hospitalar
contra-argumento	micro-habitat	semi-infantil
contra-arrazoado	micro-onda	semi-integral
contra-assinatura	micro-ondas	semi-internato
contra-atacante	micro-organismo	semi-interno
contra-atacar	neo-hebraico	sobre-erguer
contra-ataque	neo-hegelianismo	sobre-estimar
contra-aviso	neo-hegeliano	sobre-exaltação
eletro-higrômetro*	neo-helênico	sobre-excedente
eletro-óptica**	neo-orleanês	sub-humano
entre-hostil	neo-ortodoxo	supra-auricular
extra-abdominal	neuro-hipófise***	supra-hepático
extra-alcance	proto-história	ultra-hiperbólico
extra-amazônico	proto-historiador	

EXCEÇÕES:

As palavras que contêm os prefixos *an-*, *des-*, *in-* nas quais o segundo elemento perdeu o *h* inicial. Exemplos:

anepático	desidratar	inábil
anistórico****	desumanidade	inabilidade
desidratação	desumanizador	inabilidoso
desidratado	desumanizar	inabilitação
desidratante	desumano	inabilitar

---

*Variante: *eletroigômetro*.
**Variante: *eletróptica*.
***Variante: *neuroipófise*.
****Se a forma do prefixo é *a-*, mantém-se o hífen e o *h* do segundo elemento: *a-histórico*.

inabitabilidade	*inabitável*	*inabitualidade*
inabitado	*inabitual*	*inumano*

b) Formações com o prefico **co-**, exceto em raros casos em que *h*, como **co-**herdeiro (var. coerdeiro*, em decorrência da tradução lexicográfica) e **co-**hipônimo. Se começa por *r* ou *s*, duplicam-se essas letras. Exemplos:

coabilidade	*coocupação*	*cooperar*
coabitabilidade	*coocupante*	*cooptação*
coabitação	*coocupar*	*cooptado*
coabitante	*cooficiante*	*cooptador*
coabitar	*cooficiar*	*cooptante*
coabitável	*coomologia*	*cooptar*
coerdade	*coomólogo*	*corréu*
coerdar	*cooperabilidade*	*coossificação*
coobrigação	*cooperação*	*cossegurado*

c) Todas as palavras em que figura o prefixo **re-**, mesmo quando o segundo elemento começa por *e* ou por *h***. Se este último elemento começar por *r* ou *s*, duplicam-se estas letras. Exemplos:

reabilitação	*reeleição*	*rerratificar*
reabilitar	*reidratação*	*rerrespirado*
reabitado	*reidratante*	*resseguro*
reaver	*reumanizar*	*ressemeadura*
reeleger	*rerratificação*	*ressudação*

d) As palavras em que o *não* tem valor de prefixo. Exemplos:

países não alinhados
grupo de não engajados
livros de não ficção

---

*O AOLP situa o prefixo *co-* entre os seguidos de hífen quando o segundo elemento começa por *h* e exemplifica apenas com a palavra *co-herdeiro*. (cf. Base XVI, art. 1º alínea a).
**O AOLP não traz referência específica ao prefixo re-. A omissão referenda o uso tradicional, sem a presença do hífen.

espaço para não fumantes
política de não intervenção
variante não brasileira

➲ **LEMBRETE**

✦ É o valor de prefixo que possibilita a presença do *não* associado a substantivos: *não intervenção, não ficção*.

2. Nas palavras formadas com os prefixos *circum-* e *pan-*, quando o segundo elemento começa por vogal, *h, m, n*. Exemplos:

circum-adjacência	*circum-navegável*	*pan-helênico*
circum-adjacente	*circum-nutação*	*pan-helenismo*
circum-ambiência	*circum-orbital*	*pan-hispanismo*
circum-ambiente	*circum-uretral*	*pan-iconografia*
circum-anal	*pan-africanismo*	*pan-iconográfico*
circum-axial	*pan-africanista*	*pan-islâmico*
circum-escolar	*pan-aglutinação*	*pan-islamismo*
circum-hospitalar	*pan-americanismo*	*pan-islamita*
circum-mediterrâneo	*pan-americanista*	*pan-mágico*
circum-meridiano	*pan-americanização*	*pan-mítico*
circum-murado	*pan-americano*	*pan-mixia*
circum-navegar	*pan-arabismo*	*pan-negritude*
circum-navegação	*pan-arterite*	*pan-oftalmite*
circum-navegador	*pan-astenia*	*pan-oftalmítico*
circum-navegante	*pan-eslavismo*	

3. Sempre na presença dos prefixos *ex-*, com o sentido de estado anterior ou cessamento, *sota-, soto-, vice-, vizo-*:

ex-almirante	*sota-capitânia*	*vice-almirante*
ex-aluno	*sota-embaixador*	*vice-campeão*
ex-artista	*sota-general*	*vice-líder*
ex-diretor	*sota-mestre*	*vice-prefeito*
ex-hospedeira	*sota-ministro*	*vice-presidente*
ex-imperador	*sota-piloto-mor*	*vice-rainha*
ex-marido	*sota-proa*	*vice-rei*
ex-presidente	*sota-vento*	*vice-reinado*
ex-primeiro-ministro	*sota-ventar*	*vice-reitor*
ex-rainha	*soto-mestre*	*vice-reitorado*
ex-rei	*soto-pôr**	*vice-reitoria*
ex-reitor	*soto-soberania*	*vizo-rei*

Soto- e *sota-* alternam tradicionalmente na formação de algumas palavras, talvez porque ambos os prefixos traduzam a mesma ideia de subposição, subordinação:

sota-almirante/soto-almirante
sota-capitão/soto-capitão
sota-mestre/ soto-mestre
sota-ministro/soto-ministro
sota-piloto/soto-piloto
sota-soberania/soto-soberania
sota-voga/soto-voga

---

*Cf. *contrapor, repor, opor,* sem acento gráfico.

4. Na presença dos prefixos *pós-, pré- e pró-*, sempre que mantenham a autonomia vocabular:

pós-adolescência	*pós-nupcial*	*pré-histórico*
pós-alveolar	*pós-operatório*	*pré-ignição*
pós-articulado	*pós-parto*	*pré-inaugural*
pós-barroco	*pós-romântico*	*pré-industrial*
pós-clássico	*pós-venda*	*pré-lógico*
pós-colonial	*pré-adolescência*	*pré-medicação*
pós-comunhão	*pré-ariano*	*pré-modernismo*
pós-conciliar	*pré-atômico*	*pré-molar*
pós-datado	*pré-aviso*	*pré-moldado*
pós-datar	*pré-burguês*	*pré-operatório*
pós-diluviano	*pré-cabralino*	*pré-primário*
pós-dorsal	*pré-capitalismo*	*pré-profissional*
pós-doutorado	*pré-carnavalesco*	*pré-puberdade*
pós-doutorando	*pré-contrato*	*pré-qualificação*
pós-eleitoral	*pré-eleitoral*	*pré-reflexivo*
pós-escolar	*pré-escolar*	*pré-republicano*
pós-escrito	*pré-escolaridade*	*pré-requisito*
pós-estruturalismo	*pré-escolhido*	*pré-senil*
pós-floração	*pré-estreia*	*pré-simbolista*
pós-graduação	*pré-exercício*	*pré-sistólico*
pós-graduado	*pré-experiência*	*pré-sumarização*
pós-guerra	*pré-fabricação*	*pré-universitário*
pós-impressionismo	*pré-fabricado*	*pré-vestibular*
pós-modernismo	*pré-história*	*pró-africano*
pós-moderno	*pré-gravação*	*pró-análise*
pós-nacionalismo	*pré-habilitação*	*pró-europeu*

Compare, entre outros exemplos, com palavras em que os prefixos são átonos e não têm autonomia vocabular:

pospasto	*predefinição*	*prejulgado*
pospor	*predeterminação*	*premortalizar*
posposto	*predeterminante*	*prenotar*
preanunciação	*preeminente*	*preordenar*
preaquecer	*preesclerose*	*procônsul*
preaquecimento	*preestabelecer*	*proeminente*
preconcebido	*preestabelecido*	*promover*
preconceito	*preexistência*	*propor*
precondição	*prefiguração*	*proposição*

OBSERVAÇÕES

O texto do AOLP não traz referência ao emprego dos prefixos *ab-*, *ad-*, *ob-*, *sob-* e *sub-*, em palavras em que o segundo elemento começa por *r*. É recomendável manter a grafia com o hífen, por força na natureza do fonema /r/, nestes encontros consonantais. Exemplos:

ab-rogação	*ob-rogação*	*sub-repasse*
ab-rogado	*ob-rogar*	*sub-reptício*
ab-rogamento	*ob-rogatório*	*sub-rogação*
ab-rogar	*sob-roda*	*sub-rogador*
ab-rupto*	*sob-rojar*	*sub-rogante*
ad-renal	*sub-ramo*	*sub-rogar*
ad-rogação	*sub-região*	*sub-rogativo*
ad-rogado	*sub-reino*	*sub-rogatório*
ad-rogador	*sub-reitor*	*sub-rogável*
ad-rogar	*sub-reitoria*	*sub-rostrado*
ob-repção	*sub-remunerado*	*sub-rotina*
ob-reptício	*sub-repassar*	*sub-rotundo*

---

*O VOLP, 5 ed., registra também *abrupto*.

Exceções, consagradas pelo uso: *adrenalina, adrenalite*.

Se o segundo elemento começa por consoante igual à que termina o prefixo o hífen também deve ser usado, salvo se o segundo elemento se vincula a nome próprio estrangeiro. Exemplos:

ad-digital
sub-base
sub-betuminoso
sub-bibliotecário
sub-bloco
sub-bosque

NÃO SE USA O HÍFEN:

1. Quando o prefixo ou pseudoprefixo termina em vogal e o segundo elemento começa por vogal diferente. Exemplos:
(REGRA NOVA)

aeroespacial	*coirmão*	*macroestrutura*
agroindústria	*contraédito*	*megaesôfago*
anteocupar	*eletroestático*	*megaeteriarca*
antiaéreo	*entreabrir*	*megaevento*
arquiavô	*entreato*	*megaevolução*
autoadmiração	*extraescolar*	*megainvestimento*
autoaprendizagem	*geoecologia*	*mesoinosital*
autoeducação	*heteroimunização*	*microarquitetura*
autoelogio	*hidroelétrico*	*microevolução*
autoescola	*hipoadrenalismo*	*minievento*
autoestima	*infraestrutura*	*monoácido*
autoestrada	*infraestrutural*	*monoatômico*
autoindução	*intrauterino*	*monoespecifidade*
bioartificial	*isoacústico*	*morfoestrutura*
coeducação	*lipoaspiração*	*multiarticulação*
coenzima	*macroanálise*	*multievento*
coestaduano	*macroeducação*	*neoacademicismo*

ne*o*escolástico	poli*a*crílico	retr*o*agir
ne*o*evolucionismo	poli*a*cústico	retr*o*alimentação
neur*o*anatômico	poli*á*lcool	sem*i*analfabeto
pale*o*antropologia	prot*o*impressor	sem*i*árido
per*i*encefalite	pseud*o*amorfo	sem*i*elaborado
plur*i*artrose	pseud*o*apatia	sobr*e*alimentar
poli*a*cidez	psic*o*ativo	supr*a*excitação
poli*á*cido	psic*o*emocional	ultr*a*estrutural

2. Quando o prefixo ou pseudoprefixo termina em vogal e o segundo elemento começa com **s** ou **r**, consoantes que passam a ser duplicadas.
Exemplos:

(REGRA NOVA)

antessala	corréu	multirreligioso
antirrábico	cosseno	multissecular
antirreligioso	cossenoide	neorrealismo
antirroubo	eletrossemáforo	neossocialismo
antirruga	eletrossiderurgia	neurossífilis
antissemita	eletrossíntese	paleossocial
antissensual	extrarregulamentar	protorreação
antissepsia	extrarregular	protossoma
antisséptico	extrarrenal	pseudorrainha
antissocial	extrasseco	pseudorreação
autorredução	extrassecular	pseudorrevolução
autorreflexivo	extrassensível	pseudossigla
autorregeneração	extrassensorial	retrosseguir
autorregulamentação	extrassensório	semirracional
autorretrato	extrassístole	semirreboque
biorrítmico	extrassolar	semirreta
biorritmo	macrossistema	semirrígido
contrarreagente	microrregião	semirroto
contrarreforma	microssaia	semissábio
contrarregra	microssistema	semisselvagem
contrarrevolução	minissaia	semissintético
contrassenha	monossábio	semissólido
contrassenso	multirracial	semissoma

semi**ss**ono	ultra**rr**esistente	ultra**ss**onográfico
supra**rr**ealista	ultra**ss**om	ultra**ss**onoterapia
supra**rr**enal	ultra**ss**ônico	ultra**ss**upercomprido
supra**ss**umo	ultra**ss**onografia	ultra**ss**upracomprido

📎 OBSERVAÇÕES:

A propósito:

1. Se o segundo elemento começa por *r* e o prefixo é *hiper-*, *inter-* ou *super-*, usa-se o hífen. Exemplos:

hiper-rancoroso	inter-regional	super-realidade
hiper-realista	inter-regionalismo	super-realismo
hiper-reativo	inter-relação	super-reatividade
hiper-reflexividade	inter-relacionamento	super-representação
hiper-requintado	inter-renal	super-requintado
hiper-rítmico	inter-resistente	super-resfriado
inter-racial	super-reação	

2. Se o prefixo é *hiper-* e o segundo elemento começa por *h*, admitem-se, mantida a tradição lexicográfica, formas com hífen e a presença do *h*, e formas aglutinadas, sem o *h*. Exemplos:

hiper-hedônico/hiperedônico
hiper-hedonista/hiperedonista
hiper-hedonístico/heperedonístico
hiper-hidratação/hiperidratação
hiper-hidrose/hiperidrose
hiper-hidrotrofia/hiperidrotrofia
hiper-hepático/hiperepático

Atenção: *hiper-humano* não admite forma aglutinada.

3. Se o prefixo é *super-* ou *inter-* e o segudo elemento começa por *h*, usa-se a forma hifenada:

super-heterodínia   *super-homem*   *inter-helênico*
super-heteródino   *super-humanidade*   *inter-hemisférico*
super-hidratação   *super-humano*   *inter-humano*

4. Nos demais casos, obviamente, não se usa o hífen:

hiperacidez   *interbancário*   *superativado*
hiperativo   *intercomunicação*   *supercampeão*
hipercorreção   *intercomunitário*   *superdotado*
hipercrítico   *interconexão*   *superego*
hiperdosagem   *intercontinental*   *superestrutura*
hiperespaço   *interescolar*   *superexcitação*
hiperglicemia   *interestelar*   *superexigente*
hiperinflação   *interface*   *superfaturado*
hipermercado   *intersecção**   *supersecreto*
hipermídia   *intersindical*   *supersensível*
hipersensibilidade   *superabundância*   *supersimples*
interação   *superaquecido*   *supersom*

O HÍFEN EM PALAVRAS DERIVADAS POR SUFIXAÇÃO

Só se usa nas palavras terminadas por sufixos tupi-guarani que representam formas adjetivas, como **-açu, -guaçu** e **-mirim**:

a) quando o primeiro elemento termina em vogal acentuada graficamente:

andá-açu
amoré-guaçu
anajá-mirim
cajá-mirim
Ceará-Mirim
socó-mirim

---

*Variante: *interseção* (cf. *intercessão*).

b) quando a pronúncia exige a distinção gráfica dos dois elementos:

arumã-mirim

capim-açu

O HÍFEN NA UNIÃO DE PRONOMES ÁTONOS COM AS FORMAS VERBAIS

USA-SE:

a) com o pronome átono enclítico à forma verbal. A ênclise consiste na subordinação fonética de uma palavra ao acento tônico de outra que vem antes dela. Exemplos:

amá-la	*dizemos-lhe*	*tema-o*
ame-a	*lembro-lhe*	*tragam-na*
dá-se	*peguem-no*	
deixe-o	*põe-no*	

b) com o pronome átono em posição mesoclítica. A **mesóclise** ou **tmese** é exclusiva da combinação do pronome átono com as formas dos dois tempos futuros do indicativo, o futuro do presente e o futuro do pretérito: *amá-lo-emos, temê-la-íamos, dar-lhe -ei, enviar-lhe-ão, temê-la-ás.*

✐ OBSERVAÇÃO

O hífen é também usado

c) em combinações pronominais:

no-lo [no(s) +lo]

no-la [no(s) +la]

no-los [no(s)+los]

vo-lo [vo(s) +lo]

vo-la [vo(s) +la]

vo-las [vo(s)+las]

d) na ligação do pronome enclítico à palavra *eis*:
Ei-la que surge, deslumbrante e bela, a Lua da primavera.
*Você queria tanto ler o D. Casmurro, **ei-lo**, em novíssima edição.*

As formas *qué-lo (quer + lo)* e *requé-lo (requer + lo)* são gramaticalmente legítimas, mas de emprego raríssimo, a ponto de seu emprego na linguagem cotidiana provocar ruído na comunicação. Ainda que *quer* e *requer* sejam usuais, o pronome enclítico associa-se às formas *quere* e *requere: quere-os, quere-as, requere-os, requere-as.*

➲ *LEMBRETE*

✦ Os pronomes enclíticos *o, a, os, as* passam a ter, em determinados casos, por motivos históricos, as formas *lo, la, no, na, los, las, nos, nas*. Sempre ligados por hífen. Observe:

Formas verbais terminadas em **vogal + o, a, os, as**:

*Cumprimento-**o** por sua inteligência.*

*Aguarde-**a**: nossa vitória está escrita nas estrelas.*

*Ouvi suas palavras e elogiei-**as** diante de todos.*

*Senti-**os** chegar e fiquei surpreso.*

Nas formas verbais terminadas em **s, r,** ou **z,** estas letras dão lugar a **-lo, -la, -los, -las**:

*Esperamo-**lo** para o almoço, no sábado próximo.*

*Aguardamo-**los** para a nossa festa.*

*Amá-**la** ainda é o que me faz feliz.*

*Essas peças, não sei como protegê-**las**.*

*Não lamente o meu ato: fi-**lo** porque o quis.*

*Ganhei tantos livros que não sei como guardá-**los**.*

Nas formas verbais terminadas em ditongo nasal, acrescentam-se **-no, -na, -nos, -nas**:

*Avisaram-**no** do adiamento do concurso?*
*Encontrei sua irmã: suas palavras fizeram-**na** feliz.*
*Muitas pessoas têm-**nos** aconselhado a viajar pelo Brasil.*
*A notícia da tempestade põe-**nos** de sobreaviso preocupante.*
*Certas vantagens, oferecem-**nas** de um lado, e cobram-**nas** de outro.*

Não se usa nas ligações da preposição com as formas monossilábicas do verbo haver:

Hão de progredir.
Hei de vencer.
Esquecer quem há de?
Desistir quem há de?

DIVISÃO SILÁBICA

(REGRA ANTERIOR REFERENDADA)

A divisão silábica apoia-se, em regra, na soletração. Não atende, necessariamente, à etimologia, mas obedece a alguns preceitos. Vamos a eles.

Na divisão das sílabas de um vocábulo, na translineação (mudança de linha) ou por qualquer outro motivo,

1. Separam-se com hífen:

a) vogais próximas que se pronunciam em tempos distintos: *ál-co-ol, co-o-pe-ra-ti-va, sa-i-re-mos, ra-iz;*

b) duas consoantes próximas, que não constituem propriamente grupos, excetuadas as que, isoladas, iniciam a palavra: *dig-ni-da-de, in-dig-no, ad-vo-gar, sub-lo-car, fic-ção, rit-mo, Ste-la, gno-mo, pneu-mo-tó-rax;*

c) os dígrafos, exceto *ch, lh, nh: cor-re-to, as-saz, cons-ci-en-te, des-ça-mos, ex-ce-ção;*

d) encontros

— de mais de duas ou mais consoantes: **ab-d**icar, **abs-t**enção, **ec-tl**ipse, **inter-st**elar, **sols-t**ício, **subs-cr**ever, **Terp-s**ícore;

— de **m** ou **n**, com valor de nasalidade, antes de uma consoante ou antes de encontro consonantal perfeito, ou seja, composto de consoante + *l* ou *r*: cam-braia, em-blema, an-tes, on-tem, in-cluir.

2. Não se separam:

a) os dígrafos **ch, lh, nh, gu, qu**: a-char, fa-lhar, vi-nho, dis-tin-guir, bu-quê;

b) os encontros **bl, br, dl**: bi-bli-ó-fi-lo, o-bli-te-rar, a-brir, Adlai.

Excetuam-se algumas palavras em que figuram prefixos terminados em *b*, ou *d*. Exemplos:

ab-leg: ab-le-gar (ablegar: afastar, mandar para longe, desterrar);
ad-leg: ad-le-ga-ção (adlegação: direito que os antigos estados do Santo Império Alemão tinham de delegar ministros que, juntamente com os do imperador, tratassem dos negócios de interesse comum);
sub-la: sub-la-cus-tre (sublacustre: situado sob as águas de um lago);
sub-le: sub-le-gen-da (sublegenda: prática eleitoral, legenda secundária);
sub-lin: sub-lin-gual (sublingual: situado debaixo da língua);
sub-lo: sub-lo-ca-ção (sublocação: ato ou efeito de subalugar);
sub-lu: sub-lu-nar (sublunar: situado abaixo da Lua, ou entre a Terra e a Lua);
ad-lig: ad-li-gar (adligar: fixar, pelos apêndices ou pela raiz, uma planta a outra).

c) -ia, -ie, -io, -ua, -eu, -uo, átonos, quando admitem a pronúncia juntos ou separados: vá-**rio**s, sé-**rie**, gê-**nio**, in-gê-**nuo**, tê-**nue**, lín-**gua**;

d) os ditongos e os tritongos: vai-a, áu-reo, rei-no, véu, meu, an-zóis, sois, qual-quer, i-guais, mui-to, chei-o, sa-guões, re-põe.

Na translineação de uma palavra composta ou de uma combinação de palavras em que há hífen, ou mais, se a partição coincide com o final de um dos elementos ou membros, deve-se, por clareza gráfica, repetir o hífen no início da linha imediata. Exemplos:

amor-
-perfeito
além-
-mar

bem-
-acostumado
força-
-tarefa

Nos demais casos, não se repete o hífen na linha seguinte.

Não se deixa, por tradição, letra isolada, no começo ou no fim de uma linha.

RESUMO DAS REGRAS DE EMPREGO DO HÍFEN NOS COMPOSTOS

O HÍFEN NAS PALAVRAS COMPOSTAS

USA-SE:

1. se os elementos que formam a palavra composta mantêm cada um a sua forma e juntos ganham um novo sentido: *água-marinha, conta-gotas, meia-sola, quebra-galho, para-choque, manda-lua;*

2. se, no mesmo caso, o primeiro elemento é reduzido, a não ser que adjetive o segundo: *afro-brasileiro, euro-asiático, luso-hispânico,* mas *afrodescentedente, eurodeputado, anglofalante;*

Quando se perde a noção de composição, o hífen não é usado: *aguardente, boquiaberto, auriverde, girassol, paraquedas, mandachuva.*

3. se a palavra composta designa espécies botânicas e zoológicas (nomes de bichos e plantas e, por extensão, de frutos): *abóbora-menina, bem-te-vi, andorinha-do-mar, sempre-viva, erva-de-santa-maria, coco-da-serra;*

4. sempre, diante de *além-, aquém-, sem-, recém-: além-mar, aquém-fronteiras, sem-fim, recém-conquistado;*

5. nos compostos com *bem*, quando o segundo elemento começa com vogal ou *h*: *bem-acabado, bem-humorado.* Excetuam-se inúmeras palavras em que o segundo elemento começa por consoante, entre elas *benfazer, benquerença, Bembom e Benfica;*

6. nos compostos com *mal-* (advérbio), quando o segundo elemento começa por *l, h* ou vogal e se *mal* (substantivo) quer dizer doença: *mal-limpo, mal-humorado, mal-humor, mal-acabado; mal-caduco* (epilepsia), *mal-francês* (mesmo que sífilis);

7. se a palavra composta indica nome de lugar iniciado por *grã*, por *grão*, por uma forma verbal ou com artigo no meio: *Grã-Bretanha, Grão-Pará; Abre-Campo, Passa-Quatro, Quebra-Costas, Trinca-Mouros; Entre-os-Rios, Trás-os-Montes, Baía-de-Todos-os-Santos, Albergaria-a-Velha.*

A exceção, nesse caso, é apenas *Guiné-Bissau*, por força da tradição. A propósito, o Acordo não traz referência expressa a Timor-Leste, mas registra, no texto do Protocolo II o nome do país com hífen;

8. se é *mor* o segundo elemento: *capitão-mor, guarda-mor;*

9. nos compostos de palavras repetidas: *assim-assim, bate-bate, puxa-puxa, corre-corre;*

10. nas palavras compostas de verbos de sentido oposto: *ganha-perde, puxa-encolhe, perde-ganha*. Exceção: *vaivém;*

11. nos compostos que nomeiam os dias da semana: *segunda-feira, terça-feira, quarta-feira, quinta-feira, sexta-feira;*

12. nos compostos feito de verbo + substantivo, exceto aqueles em que se perdeu o verbo de composição: *bate-boca, bate-bola, bate-papo.*

13. Não se usa se a oração se faz de mais de dois elementos: *bate não quara, faz de conta, vai não vai, deus nos acuda, deus me livre, leva e traz, maria vai com as outras.*

O HÍFEN NAS LOCUÇÕES

Não se usa hífen nas locuções de qualquer tipo: *baba de moça, de cabelinho nas ventas, fim de semana, nós mesmos, hei de vencer, a fim de, à proporção que, ai de mim;*

EXCETUAM-SE:

1. algumas delas, por força da tradição: *água-de-colônia, mais-que-perfeito, mal-e-mal, à queima-roupa;*
2. os conjuntos em que haja elementos precedido de apóstrofo: *caixa-d'água, mestre-da'armas;*
3. os nomes de espécies botânicas e zoológicas: *erva-de-santa-maria, copo-de-leite, andorinha-do-mar, bico-de-lacre;*
4. as locuções latinas presentes na nossa língua, quando substantivadas: *o habeas-corpus, o ex-libris, o modus-vivendi.*

O HÍFEN NOS ENCADEAMENTOS VOCABULARES

É usado: liberdade-igualdade-fraternidade; ponte Rio-Niterói.

O HÍFEN NAS PALAVRAS FORMADAS POR PREFIXAÇÃO E POR RECOMPOSIÇÃO

USA-SE:

1. Se o segundo elemento começa por **vogal** igual à que termina o prefixo ou pseudoprefixo ou pela letra **h**: *ante-histórico, anti-higiênico, anti-inflamatório, contra-atacar, micro-ondas, neo-ortodoxo, arqui-inimigo, arqui-hipérbole, extra-alcance, extra-humano, infra-assinado, infra-hepático, micro-habitat, neuro-hipófise, proto-história, pseudo-humano, psico-história, semi-infantil, semi-hospitalar, sobre-erguer, supra-auricular, ultra-hiperbólico.*

2. Se o prefixo é **circum-** ou **pan-** e o segundo elemento começa por vogal, h, m, n: *circum-adjacência, circum-hospitalar, circum-murado, circum-navegação, pan-africanismo, pan-americanismo, pan-helenista, pan-mágico, pan-negritude.*

3. Sempre, se o prefixo é **ex-** (estado anterior), **sota-, soto-, vice-** ou **vizo-:** *ex-aluno, ex-diretor, ex-hospedeiro, ex-marido, ex-presidente, sota-capitânea, sota-proa, sota-vento, soto-pôr, soto-posição, vice-almirante, vice-campeão, vice-líder, vice-reitor.*

4. Sempre, se o prefixo é **pré-, pós-, pró-**, com autonomia vocabular: *pré-adolescência, pós-barroco, pós-parto, pré-capitalismo, pró-africano, pró-europeu.*

Compare com *preanunciação, preconcebido, preexistência, prefiguração, posposto, procônsul.*

5. Formações com o prefixo **co-**, exceto em raros casos em que o segundo elemento começa por *h*, como **co**-*herdeiro* (var. coerdeiro, em decorrência da tradição lexicográfica) e **co**-*hipônimo*. Exemplos: *coobrigação, cooptação.*

6. Se o prefixo é **ab-, ad-, ob-, sob-** ou **sub-:**
   a) quando o segundo elemento começa por *r*: *ab-rogar, ab-renal, ob-reptício, sob-roda, sub-remunerado;*
   b) quando o segundo elemento começa por consoante igual à que termina o prefixo: *ad-digital, sub-base, sub-bloco.*

NÃO SE USA HÍFEN:

1. Nas palavras que contêm os prefixos **an-, des-** e **in-,** quando o segundo elemento perdeu o *h* inicial: *anepático, desumano, desidratação, inumano.*

2. Se o segundo elemento começa por *r* ou *s*, caso em que estas letras são duplicadas: *antirrábico, contrarregra, contrassenha, cosseno.*

Excetuam-se os prefixos **hiper-, inter-, super-:** *hiper-requintado, inter-relacionamento, super-humano.*

3. Se o segundo elemento começa por *vogal diferente* da que termina o prefixo: *anteocupar, antiaéreo, contraédito, autoeducação, extraescolar, entreouvir, infraestrutural, megaespetáculo, minievento, pseudoapatia, neoevolucionismo, semiárido.*

4. Nas palavras em que o *não* tem valor de prefixo: (países) *não alinhados*, (livro de) *não ficção*, (variante) *não brasileira.*

HÍFEN NOS DERIVADOS POR SUFIXAÇÃO

Só é usado nas palavras terminadas em **-açu, -guaçu** e **-mirim:**

a) se o primeiro elemento termina em vogal graficamente acentuada: *andá-açu; anajá-mirim, cajá-mirim;*

b) se a pronúncia exige a distinção gráfica dos dois elementos: *capim-açu.*

HÍFEN NA UNIÃO DE PRONOMES ÁTONOS COM AS FORMAS VERBAIS

USA-SE:

a) com o pronome átono enclítico: *ame-a, deixe-o, lembro-lhe, tema-o, deixemos-lhe, peguem-na, põe-no;*

b) com o pronome átono em posição mesoclítica: *amá-la-emos, temê-la-ás, temê-lo-íamos, enviar-lhe-ão.*

Não se usa na ligação com as formas monossilábicas do verbo haver: *hei de vencer, hás de progredir, desistir quem há de?*

O HÍFEN NA DIVISÃO SILÁBICA

Na divisão das sílabas de um vocábulo, na mudança de linha ou por qualquer outro motivo,

1. Separam-se com hífen:

a) vogais próximas que se pronunciam em tempos distintos: *ál-co-ol, sa-i-re-mos, sa-ú-de*;

b) duas consoantes próximas que não constituem grupos, exceto aquelas que, isoladas, iniciam a palavra: *dig-ni-da-de, ad-vo-gar, sub-lo-car, fic-ção, Ste-la, gno-mo*;

c) os dígrafos, exceto **ch, lh, nh**: *as-saz, cons-ci-en-te, des-ça-mos, ex-ce-to*;

d) encontros

— de mais de duas ou mais consoantes: *ab-di-car, abs-ten-ção, inter-ste-lar*;

— de *m* ou *n*, com valor de nasalidade antes de consoante ou de encontro consonantal perfeito (composto de consoante + *l* ou *r*): *cam-brai-a, em-ble-ma, in-clu-ir, trans-gre-dir*.

2. Não se separam:

a) os dígrafos **ch, lh, gu, qu**: *a-char, fa-lhar, vi-nho, dis-tin-guir, bu-quê*;

b) os encontros **bl, bn, dl**: *bi-bli-o-te-ca, a-brir, dlim*.

Exceções: algumas palavras em que figuram prefixos terminados em **b** ou **d**: *ab-le-gar, ad-le-ga-ção, sub-la-cus-tre*;

c) *-ia, -ie, -io, -ua, -ue, -uo*, átonos, quando admitem pronúncia juntas ou separadas: *vá-rios, sé-rie, gê-nio, in-gê-nuo, tê-nue, lín-gua*;

d) os ditongos e os tritongos: *vai, áu-reo, rei-no, véu, meu, an-zóis, sois, i-guais, sa-guões, re-põe*.

O apóstrofo

(REGRA ANTERIOR REFERENDADA)

USA-SE:

1. Para marcar "graficamente uma contração ou uma aglutinação de vocábulos quando um elemento ou fração respectiva pertence propriamente a um conjunto vocabular distinto" (Base XVIII do AOLP): d' *Os Lusíadas*, d' *Os Sertões*, n' *Os Lusíadas*, n' *Os Sertões*, pel' *Os Sertões*.

A regra, entretanto, não é rígida: em nome da clareza, de expressividade ou de ênfase o apóstrofo pode ceder lugar ao emprego pleno das preposições: de *Os Lusíadas*, de *Os Sertões*; em *Os Lusíadas*, em *Os Sertões*:

A Biblioteca Nacional guarda uma rara edição de Os Lusíadas.
Em Os sertões *de Euclides da Cunha destaca-se a resistência de Canudos.*

2. Para indicar a contração ou aglutinação vocabular quando um elemento da fração respectiva é forma pronominal e se quer dar realce a ela com o uso de letra maiúscula: d'*Ele*, n'*Ele*, d'*Aquele*, n'*Aquele*, d'*O*, n'*O*, pel'*O*, m'*O*, t'*O*, lh'*O*, casos em que o pronome aplica-se a Deus, a Jesus; d'*Ela*, n'*Ela*, d'*Aquela*, n'*Aquela*, d'*A*, n'*A*, pel'*A*, m'*A*, t'*A*, lh'*A*, circunstâncias em que a forma feminina se aplica à mãe de Jesus, à Providência etc. Exemplos:

Por Ele, com Ele e n'Ele toda a honra e toda a glória.
Confiamos n'O que tira os pecados do mundo.
O milagre da fé revelou-m'O.
Na Mãe de Deus, n'Ela reside nossa esperança.
Pugnemos pel'A que é nossa padroeira.

3. Facultativamente para indicar a elisão das vogais finais *o* e *a* nas ligações das formas santo e santa a nomes dos próprios: *Calçada de Sant'Ana, Caminho de Sant'Iago*. Os dois elementos, entretanto, aglutinam-se quando se tornam unidades mórficas perfeitas: *Santana de Parnaíba, Bento Santiago, Santiago do Cacem*.

4. Para indicar, também facultativamente, a elisão de um *o* final na ligação de duas formas antroponímicas: *Nun'Álvares, Pedr'Eanes, Pedr'Álvares* ou *Nuno Álvares, Pedro Eanes, Pedro Álvares.*

5. Para assinalar, no interior de determinados compostos, a elisão do *e* da preposição *de* em combinação com substantivos: *cobra-d'água, estrela-d'alva, pau-d'arco, galinha-d'angola, copo-d'água, mãe-d'água, pau-d'alho, olho-d'água, olho-d'aguense, pau-d'arco.*

6. Para indicar a elisão de vogal inicial comum na fala descontraída:*
'stá tudo bem, 'stou maluco.

NÃO SE USA

Nas combinações das preposições *de* e *em, com as formas do artigo definido, com formas pronominais diversas* e *com formas adverbiais,* excetuados os casos apontados.

⊃ *LEMBRETE*

Essas combinações podem constituir-se:

a) de uniões perfeitas, numa única forma vocabular:
do, da, dos, das;
dele, dela, deles, delas;
deste, desta, destes, destas, disto;
desse, dessa, desses, dessas, disso;
daquele, daquela, daqueles, daquelas, daquilo;
destoutro, destoutra, destoutros, destoutras;
dessoutro, dessoutra, dessoutros, dessoutras;
daqueloutro, daqueloutra, daqueloutros, daqueloutras;

---
*Omitido no AOLP.

daqui, daí, dali, dacolá, donde, dantes (antigamente);
no, na, nos, nas;
nele, nela, neles, nelas;
neste, nesta, nestes, nestas, nisto;
nesse, nessa, nesses, nessas, nisso;
naquele, naquela, naqueles, naquelas, naquilo;
nestoutro, nestoutra, nestoutros, nestoutras;
nessoutro, nessoutra, nessoutros, nessoutras;
naqueleoutro, naqueloutra, naqueloutros, naqueloutras;
num, numa, nuns, numas;
noutro, noutra, noutros, noutras, noutrem;
nalgum, nalguma, nalguns, nalgumas, nalguém.

b) de uniões não perfeitas de uma ou de duas formas vocabulares, embora sejam correntes, como tal em algumas pronúncias:
de um, de uma, de uns, de umas ou *dum, duma, duns, dumas;*
de algum, de alguma, de alguns, de algumas, de alguém, de algo;
de algures, de alhures ou *dalgum, dalguma, dalguns, dalgumas, dalguém dalgo, dalgures, dalhures;*
de outro, de outra, de outros, de outras, de outrem, de outrora, ou *doutro, doutra, doutros, doutras, doutrem, doutrora;*
de aquém ou *daquém;*
de além ou *dalém;*
de entre ou *dentre.*

Admite-se, a propósito, a locução adverbial *de ora avante,* ao lado do advérbio *doravante.*

OBSERVAÇÃO

O AOLP estabelece que quando a preposição *de* se combina com as formas do artigo ou de pronomes *o, a, os, as* ou com quaisquer pronomes ou advérbios começados por vogal e essas palavras estão integradas em construções de infinitivo, não se emprega o apóstrofo, nem se funde a preposição com a forma imediata: escrevem-se ambas separadamente.

Está na hora de a onça beber água.
É o momento de ele compreender suas palavras.
Em virtude de os nossos irmãos serem maravilhosos, e por causa de aqui estares, todos ganhamos o dia.

Esta proposição do Acordo contraria o uso consagrado, que nunca a avalizou e adota o emprego das construções com a fusão da preposição com o artigo que a segue ou com emprego do apóstrofo corre o risco de a regra (ou da regra ou d'a regra) cair no vazio. Exemplos:

Está na hora da onça (ou d'a onça) beber água.
É o momento dele (ou d'ele) aceitar os conselhos da avó.
Em virtude dos nossos pais (ou d'os nossos pais) serem os melhores do mundo, nada temos a declarar.

ASSINATURAS E FIRMAS

Cada pessoa, para ressalva de direitos, poderá manter a grafia que, por costume ou registro legal, adote na assinatura do seu nome.

Do mesmo modo e com a mesma finalidade, pode ser mantida a grafia original de quaisquer firmas comerciais, nomes de sociedades, marcas e títulos que estejam inscritos em registro público.

V

SÍNTESE DAS ALTERAÇÕES NA ORTOGRAFIA DECORRENTES DO AOLP
(O QUE MUDOU)

1. ALFABETO: passou a incorporar as letras *k, w, y*, antes consideradas em separado, mantidas as regras do seu emprego.

2. SEQUÊNCIAS CONSONÂNTICAS
cc, cç, ct, pc, pç, pt:
c e p

   a) escrevem-se, quando invariavelmente proferidas nas pronúncias cultas da língua: *ficcional, ficção, bactéria, opcional, opção, aptidão;*

   b) deixam de ser escritas, quando invariavelmente mudas, presença que era própria da grafia portuguesa, africana e timorense: *acionar, lecionar, proteção, seção;*

   c) escrevem-se ou não, facultativamente, quando, na pronúncia culta ou na geral, oscilam entre a prolação e o emudecimento: *fraccionado/ fracionado; introspecção/introspeção, circunspecto/circunspeto, peremptório, perentório.*

bd, em súbdito; *gd*, em amígdala e cognatos; *mn*, em amnistia, indemne, omnipotente e cognatos; *tm*, em aritmética e aritmético:

escrevem-se ou não, facultativamente, quando proferidas na pronúncia culta e na geral, ou quando oscilam entre a prolação e o emudecimento: *súb-*

dito/súdito, subtil/sutil, amígdala/amídala, amnistia/anistia, indemne/indene, omnipotente/onipotente, aritmética/arimética, aritmético/arimético.

Nos casos da grafia facultativa, a opção apoiada na pronúncia predominante é definida pelos vocabulários e dicionários abalizados.

3. USO DE MAIÚSCULAS E MINÚSCULAS

a) passam a ser grafadas com letras minúsculas:

— *os termos beltrano, fulano, sicrano;*
— *as titulações (axiônimos): doutor J. de Silva, bacharel J. M.; senhora doutora C. M.*

Nos hagiônimos, é facultativo o uso de maiúscula ou minúscula inicial: *Santa* (ou *santa*) *Luzia; Sant*a (ou *santa*) *Teresa.*

b) passam a ser grafadas, opcionalmente, com iniciais maiúsculas ou minúsculas:

— designações de domínios do saber, cursos, disciplinas: *Língua Portuguesa/língua portuguesa; História da Literatura Africana/história da literatura africana; Língua Africana/língua africana;*
— categorizações de logradouros públicos, templos, edifícios: *Avenida (avenida) Atlântica.*

4. ACENTUAÇÃO GRÁFICA

a) escrevem-se com acento agudo ou circunflexo em função do timbre aberto ou fechado das vogais tônicas nas pronúncias cultas:

— oxítonas terminados em *e*, geralmente de origem francesa: *bebê/bebé, crochê/croché, purê/puré;*
— paroxítonas com vogal tônica *e* ou *o* em fim de sílaba, seguida de *m* ou *n: fêmur/fémur, bônus/bónus, Vênus/Vénus;*
— proparoxítonas com vogal tônica *e* ou *o* em final de sílaba e seguidas de *m* ou *n: acadêmico/académico, cênico/cénico, topônimo/topónimo, Antônio/António, fêmea/fémea.*

b) é facultativa

— a presença do acento agudo nas formas do pretérito perfeito do indicativo de tipo **amamos/louvamos**: *Nós louvamos (ou louvámos), no último Congresso de Literatura, o escritor que recebeu o Prêmio Machado de Assis;*
— a presença do acento circunflexo em dois casos:

- na forma ***dêmos/demos***, primeira pessoa do plural do presente do subjuntivo: *Todos aguardam que demos/dêmos o melhor de nossos esforços;*
- em ***fôrma***, substantivo, para distinguir de *forma*, também substantivo e terceira pessoa do singular do presente do indicativo e segunda pessoa do singular do imperativo do verbo *formar*: *O poeta recusou-se a reduzir a fôrmas/formas a forma;*
- a grafia com ou sem acento gráfico, nas formas do tipo de *aguar* e derivados, *apaniguar, apropinquar, averiguar, obliquar, delinquir* e afins, caracterizados por dupla pronúncia;
- com acento gráfico, se falsos proparoxítonos: *águo, averíguo, averíguas, averígue, oblíque, oblíques;*
- sem acento gráfico, se paroxítonos: *aguo, averiguo, averiguas, averigue, oblique, obliques.*

Um fator que pode definir a prevalência de uma ou de outra forma é o maior índice de frequência, avaliado por vocabulários ou dicionários abalizados.

c) deixam de ser usados:

— o acento agudo dos ditongos ***ei*** e ***oi*** tônicos nos paroxítonos: *apoio, assembleia, heroico, ideia;*
— o acento circunflexo das formas verbais terminadas em **-eem** dos verbos *ler, dar, crer, ver* e seus derivados: *leem, releem, deem, desdeem, creem, descreem, veem, reveem;*
— o acento diferencial das seguintes palavras de significados distintos, grafia com as mesmas letras e timbre da tônica diferente: *coa, coas, para, pelo, pela, pola, polo, pera, pero;*

— o acento agudo no ***i*** e no ***o*** tônicos, nos paroxítonos em que estas vogais vêm precedidas de ditongo: *baiuca, boiuna, cheiinho, reino;*
— o acento agudo das formas rizotônicas dos verbos **arguir** e **redarguir:** *arguis, argui, redarguis, redargui;*
— o trema, salvo nos nomes estrangeiros e seus derivados: *aguentar, cinquenta, frequência, linguista, tranquilo, Müller, mülleriano.*

5. USO DO HÍFEN

1. Nas palavras compostas, reformulam-se de maneira mais simples regras anteriormente adotadas e referenda-se a maioria delas.

2. Nos encadeamentos vocabulares, o hífen substitui o travessão.

3. Nas locuções; de qualquer tipo o hífen deixa de ser usado, exceto:

a) em alguns nomes, por força de tradição: *água-de-colônia, arco-da-velha, cor-de-rosa, mais-que-perfeito, pé-de-meia, mal-e-mal.*

b) nos conjuntos em que haja elemento precedido de apóstrofo: *banana-d'água, mestre-d'armas, mãe-d'água.*

c) nos nomes de espécies zoológicas e botânicas: *erva-de-santa-maria, copo-de-leite, andorinha-do-mar, fava-de-santo-inácio.*

d) se na locução figura algum elemento escrito com hífen: *ao deus-dará, a trouxe-mouxe, à queima-roupa.*

6. Nas palavras derivadas por prefixação ou recomposição.

USA-SE:

a) nas formações em que o segundo elemento começa por vogal igual à que termina o prefixo ou pseudoprefixo ou pela letra **h**: *anti-inflacionário, anti-herói, arqui-inimigo, auto-oscilação, contra-argumento, circum-hospitalar, co-hipônimo, extra-alcance, extra-humano, hidro-haloisita, infra-assinado, micro-ondas, neo-ortodoxo, proto-história, pseudo-hermafrodita, semi-internato, supra-auricular, ultra-hiperbólico.* Mas: *coabtação, coonestar, cooptação;*

b) nas palavras formadas com os prefixos ***circum-*** e ***pan-***, quando o segundo elemento começa por ***vogal, h, m,*** ou ***n***: *circum-adjacência, circum-hospitalar, circum-mediterrâneo, circum-navegação, pan-africanismo, pan-helênico, pan-mítico, pan-negritude;*

DEIXA DE SER USADO:

a) quando o segundo elemento da palavra começa com ***s*** ou ***r***, consoantes que passam a ser duplicadas, exceto quando, diante do primeiro elemento é ***hiper-, inter-, super-***: *antirreligioso, antissocial, biorritmo, contrarregra, cosseno, eletrossiderurgia, infrassom, microrradiografia, minissaia, hiper-realista, super-requintado, hipersensível, inter-resistente;*

b) quando o prefixo ou pseudoprefixo termina em vogal e o segundo elemento começa por vogal diferente: *antiaéreo, agroindústria, autoestrada, coeducação, hidroelétrico, plurianual;*

c) na ênclise e na tmese: *ame-o, temê-lo, fá-lo-ei.*

Deixa de ser usado nas formas ***hei de, hás de, há de*** etc.: *Resistir quem há de? Hei de vencer.*

Texto oficial do acordo ortográfico da língua portuguesa – 1990

DECRETO Nº 6.583, DE 29 DE SETEMBRO DE 2008.

Promulga o Acordo Ortográfico da Língua Portuguesa, assinado em Lisboa, em 16 de dezembro de 1990.

O PRESIDENTE DA REPÚBLICA, no uso da atribuição que lhe confere o art. 84, inciso IV, da Constituição, e

Considerando que o Congresso Nacional aprovou, por meio do Decreto Legislativo nº 54, de 18 de abril de 1995, o Acordo Ortográfico da Língua Portuguesa, assinado em Lisboa, em 16 de dezembro de 1990;

Considerando que o Governo brasileiro depositou o instrumento de ratificação do referido Acordo junto ao Ministério dos Negócios Estrangeiros da República Portuguesa, na qualidade de depositário do ato, em 24 de junho de 1996;

Considerando que o Acordo entrou em vigor internacional em 1º de janeiro de 2007, inclusive para o Brasil, no plano jurídico externo;

DECRETA:

Art. 1º O Acordo Ortográfico da Língua Portuguesa, entre os Governos da República de Angola, da República Federativa do Brasil, da República de Cabo Verde, da República de Guiné-Bissau, da República de Moçambique, da República Portuguesa e da República Democrática de São Tomé e Príncipe, de 16 de dezembro de 1990, apenso por cópia ao presente Decreto, será executado e cumprido tão inteiramente como nele se contém.

Art. 2º O referido Acordo produzirá efeitos somente a partir de 1º de janeiro de 2009.

Parágrafo único. A implementação do Acordo obedecerá ao período de transição de 1º de janeiro de 2009 a 31 de dezembro de 2012, durante o qual coexistirão a norma ortográfica atualmente em vigor e a nova norma estabelecida.

Art. 3º São sujeitos à aprovação do Congresso Nacional quaisquer atos que possam resultar em revisão do referido Acordo, assim como quaisquer ajustes complementares que, nos termos do art. 49, inciso I, da Constituição, acarretem encargos ou compromissos gravosos ao patrimônio nacional.

Art. 4º Este Decreto entra em vigor na data de sua publicação.

Brasília, 29 de setembro de 2008; 187º da Independência e 120º da República.

LUIZ INÁCIO LULA DA SILVA *Celso Luiz Nunes Amorim*

Este texto não substitui o publicado no DOU de 30.9.2008

Fonte: Brasil. Imprensa Nacional. *Diário Oficial da União*. Ano CXLV, n. 189. Brasília-DF, 30 set., 2008.

ACORDO ORTOGRÁFICO DA LÍNGUA PORTUGUESA

Considerando que o projeto de texto de ortografia unificada de língua portuguesa aprovado em Lisboa, em 12 de outubro de 1990, pela Academia das Ciências de Lisboa, Academia Brasileira de Letras e delegações de Angola, Cabo Verde, Guiné-Bissau, Moçambique e São Tomé e Príncipe, com a adesão da delegação de observadores da Galiza, constitui um passo importante para a defesa da unidade essencial da língua portuguesa e para o seu prestígio internacional,

Considerando que o texto do acordo que ora se aprova resulta de um aprofundado debate nos Países signatários,

a República Popular de Angola,

a República Federativa do Brasil,

a República de Cabo Verde,

a República da Guiné-Bissau,

a República de Moçambique,

a República Portuguesa,

e a República Democrática de São Tomé e Príncipe,

acordam no seguinte:

Artigo 1º

É aprovado o Acordo Ortográfico da Língua Portuguesa, que consta como anexo I ao presente instrumento de aprovação, sob a designação de Acordo Ortográfico da Língua Portuguesa (1990) e vai acompanhado da respectiva nota explicativa, que consta como anexo II ao mesmo instrumento de aprovação, sob a designação de Nota Explicativa do Acordo Ortográfico da Língua Portuguesa (1990).

Artigo 2º

Os Estados signatários tomarão, através das instituições e órgãos competentes, as providências necessárias com vista à elaboração, até 1º de janeiro de 1993, de um vocabulário ortográfico comum da língua portuguesa, tão completo quanto desejável e tão normalizador quanto possível, no que se refere às terminologias científicas e técnicas.

Artigo 3º

O Acordo Ortográfico da Língua Portuguesa entrará em vigor em 1º de janeiro de 1994, após depositados os instrumentos de ratificação de todos os Estados junto do Governo da República Portuguesa.

Artigo 4º

Os Estados signatários adotarão as medidas que entenderem adequadas ao efetivo respeito da data da entrada em vigor estabelecida no artigo 3º.

Em fé do que, os abaixo assinados, devidamente credenciados para o efeito, aprovam o presente acordo, redigido em língua portuguesa, em sete exemplares, todos igualmente autênticos.

Assinado em Lisboa, em 16 de dezembro de 1990.

PELA REPÚBLICA POPULAR DE ANGOLA
JOSÉ MATEUS DE ADELINO PEIXOTO
Secretário de Estado da Cultura

PELA REPÚBLICA FEDERATIVA DO BRASIL
CARLOS ALBERTO GOMES CHIARELLI
Ministro da Educação

PELA REPÚBLICA DE CABO VERDE
DAVID HOPFFER ALMADA
Ministro da Informação, Cultura e Desportos

PELA REPÚBLICA DA GUINÉ-BISSAU
ALEXANDRE BRITO RIBEIRO FURTADO
Secretário de Estado da Cultura

PELA REPÚBLICA DE MOÇAMBIQUE
LUIS BERNARDO HONWANA
Ministro da Cultura

PELA REPÚBLICA PORTUGUESA
PEDRO MIGUEL DE SANTANA LOPES
Secretário de Estado da Cultura

PELA REPÚBLICA DEMOCRÁTICA DE SÃO TOMÉ E PRÍNCIPE
LÍGIA SILVA GRAÇA DO ESPÍRITO SANTO COSTA
Ministra da Educação e Cultura

ANEXO I

ACORDO ORTOGRÁFICO DA LÍNGUA PORTUGUESA (1990)

Base I
Do alfabeto e dos nomes próprios estrangeiros e seus derivados

1º) O alfabeto da língua portuguesa é formado por vinte e seis letras, cada uma delas com uma forma minúscula e outra maiúscula:

a	A	(á)	j	J	(jota)	s	S	(esse)
b	B	(bê)	k	K	(capa ou cá)	t	T	(tê)
c	C	(cê)	l	L	(ele)	u	U	(u)
d	D	(dê)	m	M	(eme)	v	V	(vê)
e	E	(é)	n	N	(ene)	w	W	(dáblio)
f	F	(efe)	o	O	(ó)	x	X	(xis)
g	G	(gê ou guê)	p	P	(pê)	y	Y	(ípsilon)
h	H	(agá)	q	Q	(quê)	z	Z	(zê)
i	I	(i)	r	R	(erre)			

Obs.: 1. Além destas letras, usam-se o ç (cê-cedilhado) e os seguintes dígrafos: *rr* (erre duplo), *ss* (esse duplo), *ch* (cê-agá), *lh* (ele-agá), *nh* (ene-agá), *gu* (guê-u) e *qu* (quê-u).

2. Os nomes das letras acima sugeridos não excluem outras formas de as designar.

2º) As letras k, w e y usam-se nos seguintes casos especiais:

a) Em antropónimos/antropônimos originários de outras línguas e seus derivados: *Franklin, frankliniano; Kant, kantismo; Darwin, darwinismo; Wagner, wagneriano; Byron, byroniano; Taylor, taylorista;*

b) Em topónimos/topônimos originários de outras línguas e seus derivados: *Kwanza, Kuwait, kuwaitiano; Malawi, malawiano;*

c) Em siglas, símbolos e mesmo em palavras adotadas como unidades de medida de curso internacional: *TWA, KLM; K-potássio* (de *kalium*), *W-oeste* (*West*); *kg-quilograma, km-quilómetro, kW-kilowatt, yd-jarda* (*yard*); *Watt*.

3º) Em congruência com o número anterior, mantêm-se nos vocábulos derivados eruditamente de nomes próprios estrangeiros quaisquer combinações gráficas ou sinais diacríticos não peculiares à nossa escrita que figurem nesses nomes: *comtista*, de *Comte*; *garrettiano*, de *Garrett*; *jeffersónia/jeffersônia*, de *Jefferson*; *mülleriano*, de *Müller*, *shakespeariano*, de *Shakespeare*.

Os vocabulários autorizados registrarão grafias alternativas admissíveis, em casos de divulgação de certas palavras de tal tipo de origem (a exemplo de *fúcsia/ fúchsia* e derivados, *buganvília/ buganvilea/ bougainvíllea*).

4º) Os dígrafos finais de origem hebraica ch, ph e th podem conservar-se em formas onomásticas da tradição bíblica, como *Baruch, Loth, Moloch, Ziph*, ou então simplificar-se: *Baruc, Lot, Moloc, Zif*. Se qualquer um destes dígrafos, em formas do mesmo tipo, é invariavelmente mudo, elimina-se: *José, Nazaré*, em vez de *Joseph, Nazareth*; e se algum deles, por força do uso, permite adaptação, substitui-se, recebendo uma adição vocálica: *Judite*, em vez de *Judith*.

5º) As consoantes finais grafadas b, c, d, g e t mantêm-se, quer sejam mudas, quer proferidas, nas formas onomásticas em que o uso as consagrou, nomeadamente antropónimos/antropônimos e topónimos/topônimos da tradição bíblica: *Jacob, Job, Moab, Isaac; David, Gad; Gog, Magog; Bensabat, Josafat*.

Integram-se também nesta forma: *Cid*, em que o d é sempre pronunciado; *Madrid* e *Valhadolid*, em que o d ora é pronunciado, ora não; e *Calecut* ou *Calicut*, em que o t se encontra nas mesmas condições.

Nada impede, entretanto, que dos antropónimos/antropônimos em apreço sejam usados sem a consoante final *Jó, Davi* e *Jacó*.

6º) Recomenda-se que os topónimos/topônimos de línguas estrangeiras se substituam, tanto quanto possível, por formas vernáculas, quando estas sejam antigas e ainda vivas em português ou quando entrem, ou possam entrar, no uso corrente. Exemplo: *Anvers*, substituído por *Antuérpia*; *Cherbourg*, por *Cherburgo*; *Garonne*, por *Garona*; *Genève*, por *Genebra*; *Jutland*, por *Jutlândia*; *Milano*, por *Milão*; *München*, por *Munique*; *Torino*, por *Turim*; *Zürich*, por *Zurique* etc.

Base II
Do *h* inicial e final

1º) O *h* inicial emprega-se:

a) Por força da etimologia: *haver, hélice, hera, hoje, hora, homem, humor.*

b) Em virtude de adoção convencional: *hã?, hem?, hum!.*

2º) O *h* inicial suprime-se:

a) Quando, apesar da etimologia, a sua supressão está inteiramente consagrada pelo uso: *erva*, em vez de *herva*; e, portanto, *ervaçal, ervanário, ervoso* (em contraste com *herbáceo, herbanário, herboso*, formas de origem erudita);

b) Quando, por via de composição, passa a interior e o elemento em que figura se aglutina ao precedente: *biebdomadário, desarmonia, desumano, exaurir, inábil, lobisomem, reabilitar, reaver;*

3º) O *h* inicial mantém-se, no entanto, quando, numa palavra composta, pertence a um elemento que está ligado ao anterior por meio de hífen: *anti-higiénico/anti-higiênico, contra-haste; pré-história, sobre-humano.*

4º) O *h* final emprega-se em interjeições: *ah! oh!*

Base III
Da homofonia de certos grafemas consonânticos

Dada a homofonia existente entre certos grafemas consonânticos, torna-se necessário diferençar os seus empregos, que fundamentalmente se regulam pela história das palavras. É certo que a variedade das condições em que se fixam na escrita os grafemas consonânticos homófonos nem sempre permite fácil diferenciação dos casos em que se deve empregar uma letra e daqueles em que, diversamente, se deve empregar outra, ou outras, a representar o mesmo som.

Nesta conformidade, importa notar, principalmente, os seguintes casos:

1º) Distinção gráfica entre *ch* e *x*: *achar, archote, bucha, capacho, capucho, chamar, chave, Chico, chiste, chorar, colchão, colchete, endecha, estrebucha, facho, ficha, flecha, frincha, gancho, inchar, macho, mancha, murchar, nicho, pachorra, pecha, pechincha, penacho, rachar, sachar, tacho; ameixa, anexim, baixel, baixo, bexiga, bruxa, coaxar, coxia, debuxo, deixar, eixo, elixir, enxofre, faixa, feixe, madeixa, mexer, oxalá, praxe, puxar, rouxinol, vexar, xadrez, xarope, xenofobia, xerife, xícara.*

2º) Distinção gráfica entre *g*, com valor de fricativa palatal, e *j*: *adágio, alfageme, álgebra, algema, algeroz, Algés, algibebe, algibeira, álgido, almargem, Alvorge, Argel, estrangeiro, falange, ferrugem, frigir, gelosia, gengiva, gergelim, geringonça, Gibraltar, ginete, ginja, girafa, gíria, herege, relógio, sege, Tânger, virgem; adjetivo, ajeitar, ajeru* (nome de planta indiana e de uma espécie de papagaio), *canjerê, canjica, enjeitar, granjear, hoje, intrujice, jecoral, jejum, jeira, jeito, Jeová, jenipapo, jequiri, jequitibá, Jeremias, Jericó, jerimum, Jerónimo, Jesus, jiboia, jiquipanga, jiquiró, jiquitaia, jirau, jiriti, jitirana, laranjeira, lojista, majestade, majestoso, manjerico, manjerona, mucujê, pajé, pegajento, rejeitar, sujeito, trejeito.*

3º) Distinção gráfica entre as letras *s, ss, c, ç* e *x*, que representam sibilantes surdas: *ânsia, ascensão, aspersão, cansar, conversão, esconso, farsa, ganso, imenso, mansão, mansarda, manso, pretensão, remanso, seara, seda, Seia, Sertã, Sernancelhe, serralheiro, Singapura, Sintra, sisa, tarso, terso, valsa; abadessa, acossar, amassar, arremessar, Asseiceira, asseio, atravessar, benesse, Cassilda, codesso* (identicamente *codessal* ou *codassal, codesseda, codessoso* etc.), *crasso, devassar, dossel, egresso, endossar, escasso, fosso, gesso, molosso, mossa, obsessão, pêssego, possesso, remessa, sossegar; acém, acervo, alicerce, cebola, cereal, Cernache, cetim, Cinfães, Escócia, Macedo, obcecar, percevejo; açafate, açorda, açúcar, almaço, atenção, berço, Buçaco, caçanje, caçula, caraça, dançar, Eça, enguiço, Gonçalves, inserção, linguiça, maçada, Mação, maçar, Moçambique, Monção, muçulmano, murça, negaça, pança, peça, quiçaba, quiçaça, quiçama, quiçamba, Seiça* (grafia que pretere as erróneas/errôneas *Ceiça* e *Ceissa*), *Seiçal, Suíça, terço; auxílio, Maximiliano, Maximino, máximo, próximo, sintaxe.*

4º) Distinção gráfica entre *s* de fim de sílaba (inicial ou interior) e *x* e *z* com idêntico valor fónico/fônico: *adestrar, Calisto, escusar, esdrúxulo, esgotar, esplanada, esplêndido, espontâneo, espremer, esquisito, estender, Estremadura, Estremoz, inesgotável; extensão, explicar, extraordinário, inextricável, inexperto, sextante, têxtil; capazmente, infelizmente, velozmente.* De acordo com esta distinção convém notar dois casos:

a) Em final de sílaba que não seja final de palavra, o *x* (= *s*) muda para *s* sempre que está precedido de *i* ou *u*: *justapor, justalinear, misto, sistino* (cf. *Capela Sistina*), *Sisto*, em vez de *juxtapor, juxtalinear, mixto, sixtina, Sixto*.

b) Só nos advérbios em *-mente* se admite *z*, com valor idêntico ao de *s*, em final de sílaba seguida de outra consoante (cf. *capazmente* etc.); do contrário, o *s* toma sempre o lugar de *z*: *Biscaia*, e não *Bizcaia*.

5º) Distinção gráfica entre *s* final de palavra e *x* e *z* com idêntico valor fónico/fônico: *aguarrás, aliás, anis, após, atrás, através, Avis, Brás, Dinis, Garcês, gás, Gerês, Inês, íris, Jesus, jus, lápis, Luís, país, português, Queirós, quis, retrós, revés, Tomás, Valdês; cálix, Félix, Fénix, flux; assaz, arroz, avestruz, dez, diz, fez* (substantivo e forma do verbo *fazer*), *fiz, Forjaz, Galaaz, giz, jaez, matiz, petiz, Queluz, Romariz, [Arcos de] Valderez, Vaz.* A propósito, deve observar-se que é inadmissível *z* final equivalente a *s* em palavra não oxítona: *Cádis*, e não *Cádiz*.

6º) Distinção gráfica entre as letras interiores *s, x* e *z*, que representam sibilantes sonoras: *aceso, analisar, anestesia, artesão, asa, asilo, Baltasar, besouro, besuntar, blusa, brasa, brasão, Brasil, brisa, [Marco de] Canaveses, coliseu, defesa, duquesa, Elisa, empresa, Ermesinde, Esposende, frenesi* ou *frenesim, frisar, guisa, improviso, jusante, liso, lousa, Lousã, Luso* (nome de lugar, homónimo/homônimo de *Luso*, nome mitológico), *Matosinhos, Meneses, narciso, Nisa, obséquio, ousar, pesquisa, portuguesa, presa, raso, represa, Resende, sacerdotisa, Sesimbra, Sousa, surpresa, tisana, transe, trânsito, vaso; exalar, exemplo, exibir, exorbitar, exuberante, inexato, inexorável; abalizado, alfazema, Arcozelo, autorizar, azar, azedo, azo, azorrague, baliza, bazar, beleza, buzina, búzio, comezinho, deslizar, deslize, Ezequiel, fuzileiro, Galiza, guizo, helenizar, lambuzar, lezíria, Mouzinho, proeza, sazão, urze, vazar, Veneza, Vizela, Vouzela.*

Base IV
Das sequências consonânticas

1º) O *c*, com valor de oclusiva velar, das sequências interiores *cc* (segundo *c* com valor de sibilante), *cç* e *ct*, e o *p* das sequências interiores *pc* (*c* com valor de sibilante), *pç* e *pt*, ora se conservam, ora se eliminam.

Assim:

a) Conservam-se nos casos em que são invariavelmente proferidos nas pronúncias cultas da língua: *compacto, convicção, convicto, ficção, friccionar, pacto, pictural; adepto, apto, díptico, erupção, eucalipto, inepto, núpcias, rapto.*

b) Eliminam-se nos casos em que são invariavelmente mudos nas pronúncias cultas da língua: *ação, acionar, afetivo, aflição, aflito, ato, coleção, coletivo, direção, diretor, exato, objeção; adoção, adotar, batizar, Egito, ótimo.*

c) Conservam-se ou eliminam-se, facultativamente, quando se proferem numa pronúncia culta, quer geral, quer restritamente, ou então quando oscilam entre a prolação e o emudecimento: *aspecto* e *aspeto, cacto* e *cato, caracteres* e *carateres, dicção* e *dição; facto* e *fato, sector* e *setor, ceptro* e *cetro, concepção* e *conceção, corrupto* e *corruto, recepção* e *receção.*

d) Quando, nas sequências interiores *mpc*, *mpç* e *mpt* se eliminar o *p* de acordo com o determinado nos parágrafos precedentes, o *m* passa a *n*, escrevendo-se, respectivamente, *nc*, *nç* e *nt*: *assumpcionista* e *assuncionista*; *assumpção* e *assunção*; *assumptível* e *assuntível*; *peremptório* e *perentório*, *sumptuoso* e *suntuoso*, *sumptuosidade* e *suntuosidade*.

2º) Conservam-se ou eliminam-se, facultativamente, quando se proferem numa pronúncia culta, quer geral, quer restritamente, ou então quando oscilam entre a prolação e o emudecimento: o *b* da sequência *bd*, em *súbdito*; o *b* da sequência *bt*, em *subtil* e seus derivados; o *g* da sequência *gd*, em *amígdala, amigdalácea, amigdalar, amigdalato, amigdalite, amigdaloide, amigdalopatia, amigdalotomia*; o *m* da sequência *mn*, em *amnistia, amnistiar, indemne, indemnidade, indemnizar, omnímodo, omnipotente, omnisciente* etc.; o *t*, da sequência *tm*, em *aritmética* e *aritmético*.

Base V
Das vogais átonas

1º) O emprego do *e* e do *i*, assim como o do *o* e do *u*, em sílaba átona, regula-se fundamentalmente pela etimologia e por particularidades da história das palavras. Assim se estabelecem variadíssimas grafias:

a) Com *e* e *i*: *ameaça, amealhar, antecipar, arrepiar, balnear, boreal, campeão, cardeal* (prelado, ave, planta; diferente de *cardial* = "relativo à cárdia"), *Ceará, côdea, enseada, enteado, Floreal, janeanes, lêndea, Leonardo, Leonel, Leonor, Leopoldo, Leote, linear, meão, melhor, nomear, peanha, quase* (em vez de *quási*), *real, semear, semelhante, várzea; ameixial, Ameixieira, amial, amieiro, arrieiro, artilharia, capitânia, cordial* (adjetivo e substantivo), *corriola, crânio, criar, diante, diminuir, Dinis, ferregial, Filinto, Filipe* (e identicamente *Filipa, Filipinas* etc.), *freixial, giesta, Idanha, igual, imiscuir-se, inigualável, lampião, limiar, Lumiar, lumieiro, pátio, pior, tigela, tijolo, Vimieiro, Vimioso*.

b) Com *o* e *u*: *abolir, Alpendorada, assolar, borboleta, cobiça, consoada, consoar, costume, díscolo, êmbolo, engolir, epístola, esbaforir-se, esbo-*

roar, farândola, femoral, Freixoeira, girândola, goela, jocoso, mágoa, névoa, nódoa, óbolo, Páscoa, Pascoal, Pascoela, polir, Rodolfo, távoa, tavoada, távola, tômbola, veio (substantivo e forma do verbo *vir*); *açular, água, aluvião, arcuense, assumir, bulir, camândulas, curtir, curtume, embutir, entupir, fémur/fêmur, fístula, glândula, ínsua, jucundo, légua, Luanda, lucubração, lugar, mangual, Manuel, míngua, Nicarágua, pontual, régua, tábua, tabuada, tabuleta, trégua, virtualha.*

2º) Sendo muito variadas as condições etimológicas e histórico-fonéticas em que se fixam graficamente *e* e *i* ou *o* e *u* em sílaba átona, é evidente que só a consulta dos vocabulários ou dicionários pode indicar, muitas vezes, se deve empregar-se *e* ou *i*, se *o* ou *u*. Há, todavia, alguns casos em que o uso dessas vogais pode ser facilmente sistematizado. Convém fixar os seguintes:

- **a)** Escrevem-se com *e*, e não com *i*, antes da sílaba tónica/tônica, os substantivos e adjetivos que procedem de substantivos terminados em *-eio* e *-eia*, ou com eles estão em relação direta. Assim se regulam: *aldeão, aldeola, aldeota* por *aldeia*; *areal, areeiro, areento, Areosa* por *areia*; *aveal* por *aveia*; *baleal* por *baleia*; *cadeado* por *cadeia*; *candeeiro* por *candeia*; *centeeira* e *centeeiro* por *centeio*; *colmeal* e *colmeeiro* por *colmeia*; *correada* e *correame* por *correia*.

- **b)** Escrevem-se igualmente com *e*, antes de vogal ou ditongo da sílaba tónica/tônica, os derivados de palavras que terminam em *e* acentuado (o qual pode representar um antigo hiato: *ea, ee*): *galeão, galeota, galeote,* de *galé*; *coreano,* de *Coreia*; *daomeano,* de *Daomé*; *guineense,* de *Guiné*; *poleame* e *poleeiro,* de *polé*.

- **c)** Escrevem-se com *i*, e não com *e*, antes da sílaba tónica/tônica, os adjetivos e substantivos derivados em que entram os sufixos mistos de formação vernácula *-iano* e *-iense*, os quais são o resultado da combinação dos sufixos *-ano* e *-ense* com um *i* de origem analógica (baseado em palavras onde *-ano* e *-ense* estão precedidos de *i* pertencente ao tema: *horaciano, italiano, duriense, flaviense* etc.): *açoriano, acriano* (de *Acre*), *camoniano, goisiano* (relativo a Damião de Góis), *siniense* (de *Sines*), *sofocliano, torriano, torriense* (de *Torre(s)*).

d) Uniformizam-se com as terminações *-io* e *-ia* (átonas), em vez de *-eo* e *-ea*, os substantivos que constituem variações, obtidas por ampliação, de outros substantivos terminados em vogal: *cúmio* (popular), de *cume*; *hástia*, de *haste*; *réstia*, do antigo *reste*; *véstia*, de *veste*.

e) Os verbos em *-ear* podem distinguir-se praticamente, grande número de vezes, dos verbos em *-iar*, quer pela formação, quer pela conjugação e formação ao mesmo tempo. Estão no primeiro caso todos os verbos que se prendem a substantivos em *-eio* ou *-eia* (sejam formados em português ou venham já do latim); assim se regulam: *aldear*, por *aldeia*; *alhear*, por *alheio*; *cear*, por *ceia*; *encadear*, por *cadeia*; *pear*, por *peia*; etc. Estão no segundo caso todos os verbos que têm normalmente flexões rizotónicas/rizotônicas em *-eio*, *-eias* etc.: *clarear, delinear, devanear, falsear, granjear, guerrear, hastear, nomear, semear* etc. Existem, no entanto, verbos em *-iar*, ligados a substantivos com as terminações átonas *-ia* ou *-io*, que admitem variantes na conjugação: *negoceio* ou *negocio* (cf. *negócio*); *premeio* ou *premio* (cf. *prémio/prêmio*); etc.

f) Não é lícito o emprego do *u* final átono em palavras de origem latina. Escreve-se, por isso: *moto*, em vez de *mótu* (por exemplo, na expressão *de moto próprio*); *tribo*, em vez de *tríbu*.

g) Os verbos em *-oar* distinguem-se praticamente dos verbos em *-uar* pela sua conjugação nas formas rizotónicas/rizotônicas, que têm sempre *o* na sílaba acentuada: *abençoar* com *o*, como *abençoo, abençoas* etc.; *destoar*, com *o*, como *destoo, destoas* etc.: mas *acentuar*, com *u*, como *acentuo, acentuas* etc.

Base VI

Das vogais nasais

Na representação das vogais nasais devem observar-se os seguintes preceitos:

1º) Quando uma vogal nasal ocorre em fim de palavra, ou em fim de elemento seguido de hífen, representa-se a nasalidade pelo til, se essa vogal é de timbre *a*; por *m*, se possui qualquer outro timbre e termina a palavra; e por *n*, se é de timbre diverso de *a* e está seguida de *s*: *afã, grã, Grã-Bretanha, lã, órfã, sã-braseiro* (forma dialetal; o mesmo que *são-brasense* = de S. Brás de Alportel); *clarim, tom, vacum; flautins, semitons, zunzuns*.

2º) Os vocábulos terminados em *-ã* transmitem esta representação do *a* nasal aos advérbios em *-mente* que deles se formem, assim como a derivados em que entrem sufixos iniciados por *z*: *cristãmente, irmãmente, sãmente; lãzudo, maçãzita, manhãzinha, romãzeira*.

Base VII
Dos ditongos

1º) Os ditongos orais, que tanto podem ser tónicos/tônicos como átonos, distribuem-se por dois grupos gráficos principais, conforme o segundo elemento do ditongo é representado por *i* ou *u*: *ai, ei, éi, oi, ói, ui; au, eu, éu, iu, ou*: *braçais, caixote, deveis, eirado, farnéis* (mas *farneizinhos*), *goivo, goivar, lençóis* (mas *lençoizinhos*), *tafuis, uivar, cacau, cacaueiro, deu, endeusar, ilhéu* (mas *ilheuzito*), *mediu, passou, regougar*.

Obs.: Admitem-se, todavia, excepcionalmente, à parte destes dois grupos, os ditongos grafados *ae* (= *âi* ou *ai*) e *ao* (= *âu* ou *au*): o primeiro, representado nos antropónimos/antropônimos *Caetano* e *Caetana*, assim como nos respectivos derivados e compostos (*caetaninha, são-caetano* etc.); o segundo, representado nas combinações da preposição *a* com as formas masculinas do artigo ou pronome demonstrativo *o*, ou seja, *ao* e *aos*.

2º) Cumpre fixar, a propósito dos ditongos orais, os seguintes preceitos particulares:

a) É o ditongo grafado *ui*, e não a sequência vocálica grafada *ue*, que se emprega nas formas de 2ª e 3ª pessoas do singular do presente do indicativo e igualmente na da 2ª pessoa do singular do imperativo dos verbos em *-uir*: *constituis, influi, retribui*. Harmonizam-se, portanto, essas formas com todos os casos de ditongo grafado *ui* de sílaba final ou fim de palavra (*azuis, fui, Guardafui, Rui* etc.); e ficam assim em paralelo gráfico-fonético com as formas de 2ª e 3ª pessoas do singular do presente do indicativo e de 2ª pessoa do singular do imperativo dos verbos em -*air* e em -*oer*: *atrais, cai, sai; móis, remói, sói*.

b) É o ditongo grafado *ui* que representa sempre, em palavras de origem latina, a união de um *u* a um *i* átono seguinte. Não divergem, portanto, formas como *fluido* de formas como *gratuito*. E isso não impede que nos derivados de formas daquele tipo as vogais grafadas *u* e *i* se separem: *fluídico, fluidez* (*u-i*).

c) Além dos ditongos orais propriamente ditos, os quais são todos decrescentes, admite-se, como é sabido, a existência de ditongos crescentes. Podem considerar-se no número deles as sequências vocálicas pós-tónicas/pós-tônicas, tais as que se representam graficamente por *ea, eo, ia, ie, io, oa, ua, ue, uo*: *áurea, áureo, calúnia, espécie, exímio, mágoa, míngua, ténue/tênue, tríduo*.

3º) Os ditongos nasais, que na sua maioria tanto podem ser tónicos/tônicos como átonos, pertencem graficamente a dois tipos fundamentais: ditongos representados por vogal com til e semivogal; ditongos representados por uma vogal seguida da consoante nasal *m*. Eis a indicação de uns e outros:

a) Os ditongos representados por vogal com til e semivogal são quatro, considerando-se apenas a língua padrão contemporânea: *ãe* (usado em vocábulos oxítonos e derivados), *ãi* (usado em vocábulos anoxítonos e derivados), *ão* e *õe*. Exemplos: *cães, Guimarães, mãe, mãezinha; cãibas, cãibeiro, cãibra, zãibo; mão, mãozinha, não, quão, sótão, sotãozinho, tão; Camões, orações, oraçõezinhas, põe, repões*. Ao lado de tais ditongos pode, por exemplo, colocar-se o ditongo *ũi*; mas este, embora se exemplifique numa forma popular como *rũi* = ruim, representa-se sem o til nas formas *muito* e *mui*, por obediência à tradição.

b) Os ditongos representados por uma vogal seguida da consoante nasal *m* são dois: *am* e *em*. Divergem, porém, nos seus empregos:

i) *am* (sempre átono) só se emprega em flexões verbais: *amam, deviam, escreveram, puseram*;

ii) *em* (tónico/tônico ou átono) emprega-se em palavras de categorias morfológicas diversas, incluindo flexões verbais, e pode apresentar variantes gráficas determinadas pela posição, pela acentuação ou, simultaneamente, pela posição e pela acentuação: *bem, Bembom, Bemposta, cem, devem, nem, quem, sem, tem, virgem; Bencanta, Benfeito, Benfica, benquisto, bens, enfim, enquanto, homenzarrão, homenzinho, nuvenzinha, tens, virgens, amém* (variação de *ámen*), *armazém, convém, mantém, ninguém, porém, Santarém, também; convêm, mantêm, têm* (3ªs pessoas do plural); *armazéns, desdéns, convéns, reténs; Belenzada, vintenzinho*.

Base VIII
Da acentuação gráfica das palavras oxítonas

1º) Acentuam-se com acento agudo:

a) As palavras oxítonas terminadas nas vogais tónicas/tônicas abertas grafadas -*a*, -*e* ou -*o*, seguidas ou não de -*s*: *está, estás, já, olá; até, é, és, olé, pontapé(s); avó(s), dominó(s), paletó(s), só(s)*.

Obs.: Em algumas (poucas) palavras oxítonas terminadas em -*e* tónico/tônico, geralmente provenientes do francês, esta vogal, por ser articulada nas pronúncias cultas ora como aberta ora como fechada, admite tanto o acento agudo como o acento circunflexo: *bebé* ou *bebê*, *bidé* ou *bidê*, *canapé* ou *canapê*, *caraté* ou *caratê*, *croché* ou *crochê*, *guiché* ou *guichê*, *matiné* ou *matinê*, *nené* ou *nenê*, *ponjé* ou *ponjê*, *puré* ou *purê*, *rapé* ou *rapê*.

O mesmo se verifica com formas como *cocó* e *cocô*, *ró* (letra do alfabeto grego) e *rô*. São igualmente admitidas formas como *judô*, a par de *judo*, e *metrô*, a par de *metro*.

b) As formas verbais oxítonas, quando conjugadas com os pronomes clíticos *lo(s)* ou *la(s)*, ficam a terminar na vogal tónica/tônica aberta grafada -*a*, após a assimilação e perda das consoantes finais grafadas -*r*, -*s* ou -*z*: *adorá-lo(s)* (de *adorar-lo(s)*), *dá-la(s)* (de *dar-la(s)* ou *dá(s)-la(s)*), *fá-lo(s)* (de *faz-lo(s)*), *fá-lo(s)-ás* (de *far-*

lo(s)-ás), habitá-la(s)-iam (de *habitar-la(s)-iam*), *trá-la(s)-á* (de *trar-la(s)-á*);

c) As palavras oxítonas com mais de uma sílaba terminadas no ditongo nasal grafado *-em* (exceto as formas da 3ª pessoa do plural do presente do indicativo dos compostos de *ter* e *vir*: *retêm, sustêm; advêm, provêm;* etc) ou *-ens*: *acém, detém, deténs, entretém, entreténs, harém, haréns, porém, provém, provéns, também;*

d) As palavras oxítonas com os ditongos abertos grafados *-éi, -éu* ou *-ói*, podendo estes dois últimos ser seguidos ou não de *-s*: *anéis, batéis, fiéis, papéis; céu(s), chapéu(s), ilhéu(s), véu(s); corrói* (de *corroer*), *herói(s), remói* (de *remoer*), *sóis*.

2º) Acentuam-se com acento circunflexo:

a) As palavras oxítonas terminadas nas vogais tónicas/tônicas fechadas que se grafam *-e* ou *-o*, seguidas ou não de *-s*: *cortês, dê, dês* (de *dar*), *lê, lês* (de *ler*), *português, você(s); avô(s), pôs* (de *pôr*), *robô(s);*

b) As formas verbais oxítonas, quando, conjugadas com os pronomes clíticos *-lo(s)* ou *-la(s)*, ficam a terminar nas vogais tónicas/tônicas fechadas que se grafam *-e* ou *-o*, após a assimilação e perda das consoantes finais grafadas *-r, -s* ou *-z*: *detê-lo(s)* (de *deter-lo(s)*), *fazê-la(s)* (de *fazer-la(s)*), *fê-lo(s)* (de *fez-lo(s)*), *vê-la(s)* (de *ver-la(s)*), *compô-la(s)* (de *compor-la(s)*), *repô-la(s)* (de *repor-la(s)*), *pô-la(s)* (de *por-la(s)* ou *pôs-la(s)*).

3º) Prescinde-se de acento gráfico para distinguir palavras oxítonas homógrafas, mas heterofónicas/heterofônicas, do tipo de *cor* (ô), substantivo, e *cor* (ó), elemento da locução *de cor; colher* (ê), verbo, e *colher* (é), substantivo. Excetua-se a forma verbal *pôr*, para a distinguir da preposição *por*.

Base IX
Da acentuação gráfica das palavras paroxítonas

1º) As palavras paroxítonas não são em geral acentuadas graficamente: *enjoo, grave, homem, mesa, Tejo, vejo, velho, voo; avanço, floresta; abençoo, angolano, brasileiro; descobrimento, graficamente, moçambicano.*

2º) Recebem, no entanto, acento agudo:

a) As palavras paroxítonas que apresentam, na sílaba tónica/tônica, as vogais abertas grafadas *a, e, o* e ainda *i* ou *u* e que terminam em *-l, -n, -r, -x* e *-ps*, assim como, salvo raras exceções, as respectivas formas do plural, algumas das quais passam a proparoxítonas: *amável* (pl. *amáveis*), *Aníbal, dócil* (pl. *dóceis*), *dúctil* (pl. *dúcteis*), *fóssil* (pl. *fósseis*), *réptil* (pl. *répteis*; var. *reptil*, pl. *reptis*); *cármen* (pl. *cármenes* ou *carmens*; var. *carme*, pl. *carmes*); *dólmen* (pl. *dólmenes* ou *dolmens*), *éden* (pl. *édenes* ou *edens*), *líquen* (pl. *líquenes*), *lúmen* (pl. *lúmenes* ou *lumens*); *açúcar* (pl. *açúcares*), *almíscar* (pl. *almíscares*), *cadáver* (pl. *cadáveres*), *caráter* ou *carácter* (mas pl. *carateres* ou *caracteres*), *ímpar* (pl. *ímpares*); *Ájax, córtex* (pl. *córtex*; var. *córtice*, pl. *córtices*), *índex* (pl. *index*; var. *índice*, pl. *índices*), *tórax*, (pl. *tórax* ou *tóraxes*; var. *torace*, pl. *toraces*); *bíceps* (pl. *bíceps* (pl. *bíceps)*; var. *bicípite*, pl. *bicípites*, *fórceps* (pl. *fórceps*; var. *fórcipe*, pl. *fórcipes*).

Obs.: Muito poucas palavras deste tipo, com as vogais tónicas/tônicas grafadas *e* e *o* em fim de sílaba, seguidas das consoantes nasais grafadas *m* e *n*, apresentam oscilação de timbre nas pronúncias cultas da língua e, por conseguinte, também de acento gráfico (agudo ou circunflexo): *sémen* e *sêmen, xénon* e *xênon; fémur* e *fêmur, vómer* e *vômer; Fénix* e *Fênix, ónix* e *ônix.*

b) As palavras paroxítonas que apresentam, na sílaba tónica/tônica, as vogais abertas grafadas *a, e, o* e ainda *i* ou *u* e que terminam em *-ã(s), -ão(s), -ei(s), -i(s), -um, -uns* ou *-us*: *órfã* (pl. *órfãs*), *acórdão* (pl. *acórdãos*), *órfão* (pl. *órfãos*), *órgão* (pl. *órgãos*), *sótão* (pl. *sótãos*); *hóquei, jóquei* (pl. *jóqueis*), *amáveis* (pl. de *amável*), *fáceis* (pl. de *fácil*), *fósseis* (pl. de *fóssil*), *amáreis* (de *amar*), *amáveis* (id.), *cantaríeis* (de *cantar*), *fizéreis* (de *fazer*), *fizésseis* (id.); *beribéri* (pl. *beribéris*), *bílis* (sg. e pl.), *íris* (sg. e pl.), *júri* (pl. *júris*), *oásis* (sg. e pl.); *álbum* (pl. *álbuns*), *fórum* (pl. *fóruns*); *húmus* (sg. e pl.), *vírus* (sg. e pl.).

Obs.: Muito poucas paroxítonas deste tipo, com as vogais tónicas/tônicas grafadas *e* e *o* em fim de sílaba, seguidas das consoantes nasais grafadas *m* e *n*, apresentam oscilação de timbre nas pronúncias cultas da língua, o qual é assinalado com acento agudo, se aberto, ou circunflexo, se fechado: *pónei* e *pônei*; *gónis* e *gônis*, *pénis* e *pênis*, *ténis* e *tênis*; *bónus* e *bônus*, *ónus* e *ônus*, *tónus* e *tônus*, *Vénus* e *Vênus*.

3º) Não se acentuam graficamente os ditongos representados por *ei* e *oi* da sílaba tónica/tônica das palavras paroxítonas, dado que existe oscilação em muitos casos entre o fechamento e a abertura na sua articulação: *assembleia, boleia, ideia*, tal como *aldeia, baleia, cadeia, cheia, meia; coreico, epopeico, onomatopeico, proteico; alcaloide, apoio* (do verbo *apoiar*), tal como *apoio* (subst.), *Azoia, boia, boina, comboio* (subst.), tal como *comboio, comboias* etc. (do verbo *comboiar*), *dezoito, estroina, heroico, introito, jiboia, moina, paranoico, zoina*.

4º) É facultativo assinalar com acento agudo as formas verbais de pretérito perfeito do indicativo, do tipo *amámos, louvámos*, para as distinguir das correspondentes formas do presente do indicativo (*amamos, louvamos*), já que o timbre da vogal tónica/tônica é aberto naquele caso em certas variantes do português.

5º) Recebem acento circunflexo:

a) As palavras paroxítonas que contêm, na sílaba tónica/tônica, as vogais fechadas com a grafia *a, e, o* e que terminam em *-l, -n, -r* ou *-x*, assim como as respectivas formas do plural, algumas das quais se tornam proparoxítonas: *cônsul* (pl. *cônsules*), *pênsil* (*pênseis*), *têxtil* (pl. *têxteis*); *cânon*, var. *cânone* (pl. *cânones*), *plâncton* (pl. *plânctons*); *Almodôvar, aljôfar* (pl. *aljôfares*), *âmbar* (pl. *âmbares*), *Câncer, Tânger*; *bômbax* (sg. e pl.), *bômbix*, var. *bômbice*, (pl. *bômbices*).

b) As palavras paroxítonas que contêm, na sílaba tónica/tônica, as vogais fechadas com a grafia *a, e, o* e que terminam em *-ão(s), -eis, -i(s)* ou *-us*: *bênção(s), côvão(s), Estêvão, zângão(s); devêreis* (de *dever*), *escrevêsseis* (de *escrever*), *fôreis* (de *ser* e *ir*), *fôsseis* (id.), *pênseis* (pl. de *pênsil*), *têxteis* (pl. de *têxtil*); *dândi(s), Mênfis; ânus*.

c) As formas verbais *têm* e *vêm*, 3ªˢ pessoas do plural do presente do indicativo de *ter* e *vir*, que são foneticamente paroxítonas (respetivamente /tãjãj/, /vãjãj/ ou /tẽẽj/, /vẽẽj/ ou ainda /tẽjẽj/, /vẽjẽj/; cf. as antigas grafias preteridas, *têem, vêem*), a fim de se distinguirem de *tem* e *vem*, 3ªˢ pessoas do singular do presente do indicativo ou 2ªˢ pessoas do singular do imperativo; e também as correspondentes formas compostas, tais como: *abstêm* (cf. *abstém*), *advêm* (cf. *advém*), *contêm* (cf. *contém*), *convêm* (cf. *convém*), *desconvêm* (cf. *desconvém*), *detêm* (cf. *detém*), *entretêm* (cf. *entretém*), *intervêm* (cf. *intervém*), *mantêm* (cf. *mantém*), *obtêm* (cf. *obtém*), *provêm* (cf. *provém*), *sobrevêm* (cf. *sobrevém*).

Obs.: Também neste caso são preteridas as antigas grafias *deteem, interveem, manteem, proveem* etc.

6º) Assinalam-se com acento circunflexo:

a) Obrigatoriamente, *pôde* (3ª pessoa do singular do pretérito perfeito do indicativo), que se distingue da correspondente forma do presente do indicativo (*pode*).

b) Facultativamente, *dêmos* (1ª pessoa do plural do presente do conjuntivo), para se distinguir da correspondente forma do pretérito perfeito do indicativo (*demos*); *fôrma* (substantivo), distinta de *forma* (substantivo; 3ª pessoa do singular do presente do indicativo ou 2ª pessoa do singular do imperativo do verbo *formar*).

7º) Prescinde-se de acento circunflexo nas formas verbais paroxítonas que contêm um *e* tónico/tônico oral fechado em hiato com a terminação *-em* da 3ª pessoa do plural do presente do indicativo ou do conjuntivo, conforme os casos: *creem, deem* (conj.), *descreem, desdeem* (conj.), *leem, preveem, redeem* (conj.), *releem, reveem, tresleem, veem*.

8º) Prescinde-se igualmente do acento circunflexo para assinalar a vogal tónica/tônica fechada com a grafia *o* em palavras paroxítonas como *enjoo*, substantivo e flexão de *enjoar, povoo*, flexão de *povoar, voo*, substantivo e flexão de *voar* etc.

9º) Prescinde-se, quer do acento agudo, quer do circunflexo, para distinguir palavras paroxítonas que, tendo respectivamente vogal tónica/tônica aberta ou fechada, são homógrafas de palavras proclíticas. Assim, deixam de se distinguir pelo acento gráfico: *para* (á), flexão de *parar*, e *para*, preposição; *pela(s)* (é), substantivo e flexão de *pelar*, e *pela(s)*, combinação de *per* e *la(s)*; *pelo* (é), flexão de *pelar, pelo(s)* (ê), substantivo ou combinação de *per* e *lo(s)*; *polo(s)* (ó), substantivo, e *polo(s)*, combinação antiga e popular de *por* e *lo(s)*; etc.

10º) Prescinde-se igualmente de acento gráfico para distinguir paroxítonas homógrafas heterofónicas/heterofônicas do tipo de *acerto* (ê), substantivo, e *acerto* (é), flexão de *acertar; acordo* (ô), substantivo, e *acordo* (ó), flexão de *acordar; cerca* (ê), substantivo, advérbio e elemento da locução prepositiva *cerca de*, e *cerca* (é), flexão de *cercar; coro* (ô), substantivo, e *coro* (ó), flexão de *corar; deste* (ê), contração da preposição *de* com o demonstrativo *este*, e *deste* (é), flexão de *dar; fora* (ô), flexão de *ser* e *ir*, e *fora* (ó), advérbio, interjeição e substantivo; *piloto* (ô), substantivo, e *piloto* (ó), flexão de *pilotar* etc.

Base X
Da acentuação das vogais tónicas/tônicas grafadas *i* e *u* das palavras oxítonas e paroxítonas

1º) As vogais tónicas/tônicas grafadas *i* e *u* das palavras oxítonas e paroxítonas levam acento agudo quando antecedidas de uma vogal com que não formam ditongo e desde de que não constituam sílaba com a eventual consoante seguinte, excetuando o caso de *s*: *adaís* (pl. de *adail*), *aí*, *atraí* (de *atrair*), *baú*, *caís* (de *cair*), *Esaú*, *jacuí*, *Luís*, *país* etc.; *alaúde*, *amiúde*, *Araújo*, *Ataíde*, *atraíam* (de *atrair*), *atraísse* (id.), *baía*, *balaústre*, *cafeína*, *ciúme*, *egoísmo*, *faísca*, *faúlha*, *graúdo*, *influíste* (de *influir*), *juízes*, *Luísa*, *miúdo*, *paraíso*, *raízes*, *recaída*, *ruína*, *saída*, *sanduíche* etc.

2º) As vogais tónicas/tônicas grafadas *i* e *u* das palavras oxítonas e paroxítonas não levam acento agudo quando, antecedidas de vogal com que não formam ditongo, constituem sílaba com a consoante seguinte, como é o caso de *nh*, *l*, *m*, *n*, *r* e *z*: *bainha*, *moinho*, *rainha*; *adail*, *Paul*, *Raul*; *Aboim*, *Coimbra*, *ruim*; *ainda*, *constituinte*, *oriundo*, *ruins*, *triunfo*; *atrair*; *demiurgo*, *influir*, *influirmos*; *juiz*, *raiz*; etc.

3º) Em conformidade com as regras anteriores leva acento agudo a vogal tónica/tônica grafada *i* das formas oxítonas terminadas em *r* dos verbos em -*air* e -*uir*, quando estas se combinam com as formas pronominais clíticas -*lo(s)*, -*la(s)*, que levam à assimilação e perda daquele -*r*: *atraí-lo(s)* (de *atrair-lo(s)*); *atraí-lo(s)-ia* (de *atrair-lo(s)-ia*); *possuí-la(s)* (de *possuir-la(s)*); *possuí-la(s)-ia* (de *possuir-la(s)-ia*).

4º) Prescinde-se do acento agudo nas vogais tónicas/tônicas grafadas *i* e *u* das palavras paroxítonas, quando elas estão precedidas de ditongo: *baiuca*, *boiuno*, *cauila* (var. *cauira*), *cheiinho* (de *cheio*), *saiinha* (de *saia*).

5º) Levam, porém, acento agudo as vogais tónicas/tônicas grafadas *i* e *u* quando, precedidas de ditongo, pertencem a palavras oxítonas e estão em posição final ou seguidas de *s*: *Piauí*, *teiú*, *teiús*, *tuiuiú*, *tuiuiús*.

Obs.: Se, neste caso, a consoante final for diferente de *s*, tais vogais dispensam o acento agudo: *cauim*.

6º) Prescinde-se do acento agudo nos ditongos tónicos/tônicos grafados *iu* e *ui*, quando precedidos de vogal: *distraiu*, *instruiu*, *pauis* (pl. de *paul*).

7º) Os verbos *arguir* e *redarguir* prescindem do acento agudo na vogal tónica/tônica grafada *u* nas formas rizotónicas/rizotônicas: *arguo, arguis, argui, arguem, argua, arguas, argua, arguam*. Os verbos do tipo *aguar, apaniguar, apaziguar, apropinquar, averiguar, desaguar, enxaguar, obliquar, delinquir* e afins, por oferecerem dois paradigmas, ou têm as formas rizotónicas/rizotônicas igualmente acentuadas no *u* mas sem marca gráfica (a exemplo de *averiguo, averiguas, averigua, averiguam; averigue, averigues, averigue, averiguem; enxaguo, enxaguas, enxagua, enxaguam; enxague, enxagues, enxague, enxaguem* etc.; *delinquo, delinques, delinque, delinquem*; mas *delinquimos, delinquis*) ou têm as formas rizotónicas/rizotônicas acentuadas fónica/fônica e graficamente nas vogais *a* ou *i* radicais (a exemplo de *averíguo, averíguas, averígua, averíguam; averígue, averígues, averígue, averíguem; enxáguo, enxáguas, enxágua, enxáguam; enxágue, enxágues, enxágue, enxáguem; delínquo, delínques; delínque, delínquem, delínqua, delínquas, delínqua, delínquam*).

Obs.: Em conexão com os casos acima referidos, registre-se que os verbos em *-ingir* (*atingir, cingir, constringir, infringir, tingir* etc.) e os verbos em *-inguir* sem prolação do *u* (*distinguir, extinguir* etc.) têm grafias absolutamente regulares (*atinjo; atinja; atinge, atingimos* etc; *distingo; distinga; distingue, distinguimos* etc.)

Base XI
Da acentuação gráfica das palavras proparoxítonas

1º) Levam acento agudo:

a) As palavras proparoxítonas que apresentam na sílaba tónica/tônica as vogais abertas grafadas *a, e, o* e ainda *i, u* ou ditongo oral começado por vogal aberta: *árabe, cáustico, Cleópatra, esquálido, exército, hidráulico, líquido, míope, músico, plástico, prosélito, público, rústico, tétrico, último;*

b) As chamadas proparoxítonas aparentes, isto é, que apresentam na sílaba tónica/tônica as vogais abertas grafadas *a, e, o* e ainda *i, u* ou ditongo oral começado por vogal aberta, e que terminam por sequências vocálicas pós-tónicas/pós-tônicas praticamente consideradas como ditongos crescentes (*-ea, -eo, -ia, -ie, -io, -oa, -ua, -uo* etc.): *álea, náusea; etéreo, níveo; enciclopédia, glória; barbárie, série; lírio, prélio; mágoa, nódoa; exígua, língua; exíguo, vácuo.*

2º) Levam acento circunflexo:

a) As palavras proparoxítonas que apresentam na sílaba tónica/tônica vogal fechada ou ditongo com a vogal básica fechada: *anacreôntico, brêtema, cânfora, cômputo, devêramos* (de *dever*), *dinâmico, êmbolo, excêntrico, fôssemos* (de *ser* e *ir*), *Grândola, hermenêutica, lâmpada, lôstrego, lôbrego, nêspera, plêiade, sôfrego, sonâmbulo, trôpego;*

b) As chamadas proparoxítonas aparentes, isto é, que apresentam vogais fechadas na sílaba tónica/tônica, e terminam por sequências vocálicas pós-tónicas/pós-tônicas praticamente consideradas como ditongos crescentes: *amêndoa, argênteo, côdea, Islândia, Mântua, serôdio.*

3º) Levam acento agudo ou acento circunflexo as palavras proparoxítonas, reais ou aparentes, cujas vogais tónicas/tônicas grafadas *e* ou *o* estão em final de sílaba e são seguidas das consoantes nasais grafadas *m* ou *n*, conforme o seu timbre é, respectivamente, aberto ou fechado nas pronúncias cultas da língua: *académico/acadêmico, anatómico/anatômico, cénico/cénico, cómodo/cômodo, fenómeno/fenômeno, género/gênero, topónimo/topónimo; Amazónia/Amazônia, António/Antônio, blasfémia/blasfêmia, fémea/fêmea, gémeo/gêmeo, génio/gênio, ténue/tênue.*

Base XII
Do emprego do acento grave

1º) Emprega-se o acento grave:

a) Na contração da preposição *a* com as formas femininas do artigo ou pronome demonstrativo *o*: *à* (de *a + a*), *às* (de *a + as*);

b) Na contração da preposição *a* com os demonstrativos *aquele, aquela, aqueles, aquelas* e *aquilo* ou ainda da mesma preposição com os compostos *aqueloutro* e suas flexões: *àquele(s), àquela(s), àquilo; àqueloutro(s), àqueloutra(s).*

Base XIII
Da supressão dos acentos em palavras derivadas

1º) Nos advérbios em -*mente*, derivados de adjetivos com acento agudo ou circunflexo, estes são suprimidos: *avidamente* (de *ávido*), *debilmente* (de *débil*), *facilmente* (de *fácil*), *habilmente* (de *hábil*), *ingenuamente* (de *ingênuo*), *lucidamente* (de *lúcido*), *mamente* (de *má*), *somente* (de *só*), *unicamente* (de *único*) etc.; *candidamente* (de *cândido*), *cortesmente* (de *cortês*), *dinamicamente* (de *dinâmico*), *espontaneamente* (de *espontâneo*), *portuguesmente* (de *português*), *romanticamente* (de *romântico*).

2º) Nas palavras derivadas que contêm sufixos iniciados por *z* e cujas formas de base apresentam vogal tónica/tônica com acento agudo ou circunflexo, estes são suprimidos: *aneizinhos* (de *anéis*), *avozinha* (de *avó*), *bebezito* (de *bebê*), *cafezada* (de *café*), *chapeuzinho* (de *chapéu*), *chazeiro* (de *chá*), *heroizito* (de *herói*), *ilheuzito* (de *ilhéu*), *mazinha* (de *má*), *orfãozinho* (de *órfão*), *vintenzito* (de *vintém*) etc.; *avozinho* (de *avô*), *bênçãozinha* (de *bênção*), *lampadazita* (de *lâmpada*), *pessegozito* (de *pêssego*).

Base XIV
Do trema

O trema, sinal de diérese, é inteiramente suprimido em palavras portuguesas ou aportuguesadas. Nem sequer se emprega na poesia, mesmo que haja separação de duas vogais que normalmente formam ditongo: *saudade*, e não *saüdade*, ainda que tetrassílabo; *saudar*, e não *saüdar*, ainda que trissílabo; etc.

Em virtude desta supressão, abstrai-se de sinal especial, quer para distinguir, em sílaba átona, um *i* ou um *u* de uma vogal da sílaba anterior, quer para distinguir, também em sílaba átona, um *i* ou um *u* de um ditongo precedente, quer para distinguir, em sílaba tónica/tônica ou átona, o *u* de *gu* ou de *qu* de um *e* ou *i* seguintes: *arruinar*, *constituiria*, *depoimento*, *esmiuçar*, *faiscar*, *faulhar*, *oleicultura*, *paraibano*, *reunião*; *abaiucado*, *auiqui*, *caiuá*, *cauixi*, *piauiense*; *aguentar*, *anguiforme*, *arguir*, *bilíngue* (ou bilingue), *lingueta, linguista, linguístico; cinquenta, equestre, frequentar, tranquilo, ubiquidade.*

Obs.: Conserva-se, no entanto, o trema, de acordo com a Base I, 3º, em palavras derivadas de nomes próprios estrangeiros: *hübneriano,* de *Hübner, mülleriano,* de *Müller* etc.

Base XV
Do hífen em compostos, locuções e encadeamentos vocabulares

1º) Emprega-se o hífen nas palavras compostas por justaposição que não contêm formas de ligação e cujos elementos, de natureza nominal, adjetival, numeral ou verbal, constituem uma unidade sintagmática e semântica e mantêm acento próprio, podendo dar-se o caso de o primeiro elemento estar reduzido: *ano-luz, arcebispo-bispo, arco-íris, decreto-lei, és-sueste, médico-cirurgião, rainha-cláudia, tenente-coronel, tio-avô, turma-piloto; alcaide-mor, amor-perfeito, guarda-noturno, mato-grossense, norte-americano, porto-alegrense, sul-africano; afro-asiático, afro-luso-brasileiro, azul-escuro, luso-brasileiro, primeiro-ministro, primeiro-sargento, primo-infeção, segunda-feira; conta-gotas, finca-pé, guarda-chuva.*

Obs.: Certos compostos, em relação aos quais se perdeu, em certa medida, a noção de composição, grafam-se aglutinadamente: *girassol, madressilva, mandachuva, pontapé, paraquedas, paraquedista* etc.

2º) Emprega-se o hífen nos topónimos/topônimos compostos, iniciados pelos adjetivos *grã, grão* ou por forma verbal ou cujos elementos estejam ligados por artigo: *Grã-Bretanha, Grão-Pará; Abre-Campo, Passa-Quatro, Quebra-Costas, Quebra-Dentes, Traga-Mouros, Trinca-Fortes; Albergaria-a-Velha, Baía de Todos-os-Santos, Entre-os-Rios, Montemor-o-Novo, Trás-os-Montes.*

Obs.: Os outros topónimos/topônimos compostos escrevem-se com os elementos separados, sem hífen: *América do Sul, Belo Horizonte, Cabo Verde, Castelo Branco, Freixo de Espada à Cinta* etc. O topónimo/topônimo *Guiné-Bissau* é, contudo, uma exceção consagrada pelo uso.

3º) Emprega-se o hífen nas palavras compostas que designam espécies botânicas e zoológicas, estejam ou não ligadas por preposição ou qualquer outro elemento: *abóbora-menina, couve-flor, erva-doce, feijão-verde; bênção-de-deus, erva-do-chá, ervilha-de-cheiro, fava-de-santo-inácio; bem-me-quer* (nome de planta que também se dá à *margarida* e ao *malmequer*); *andorinha-grande, cobra-capelo, formiga-branca; andorinha-do-mar, cobra-d'água, lesma-de-conchinha; bem-te-vi* (nome de um pássaro).

4º) Emprega-se o hífen nos compostos com os advérbios *bem* e *mal*, quando estes formam com o elemento que se lhes segue uma unidade sintagmática e semântica e tal elemento começa por vogal ou *h*. No entanto, o advérbio *bem*, ao contrário do *mal*, pode não se aglutinar com palavras começadas por consoante. Eis alguns exemplos das várias situações: *bem-aventurado, bem-estar, bem-humorado; mal-afortunado, mal-estar, mal-humorado; bem-criado* (cf. *malcriado*), *bem-ditoso* (cf. *malditoso*), *bem-falante* (cf. *mal-falante*), *bem-mandado* (cf. *malmandado*), *bem-nascido* (cf. *malnascido*), *bem-soante* (cf. *malsoante*), *bem-visto* (cf. *malvisto*).

Obs.: Em muitos compostos, o advérbio *bem* aparece aglutinado com o segundo elemento, quer este tenha ou não vida à parte: *benfazejo, benfeito, benfeitor, benquerença* etc.

5º) Emprega-se o hífen nos compostos com os elementos *além, aquém, recém* e *sem*: *além-Atlântico, além-mar, além-fronteiras; aquém-mar, aquém-Pirenéus; recém-casado, recém-nascido; sem-cerimônia, sem-número, sem-vergonha*.

6º) Nas locuções de qualquer tipo, sejam elas substantivas, adjetivas, pronominais, adverbiais, prepositivas ou conjuncionais, não se emprega em geral o hífen, salvo algumas exceções já consagradas pelo uso (como é o caso de *água-de-colônia, arco-da-velha, cor-de-rosa, mais-que-perfeito, pé-de-meia, ao deus-dará, à queima-roupa*). Sirvam, pois, de exemplo de emprego sem hífen as seguintes locuções:

a) Substantivas: *cão de guarda, fim de semana, sala de jantar*;
b) Adjetivas: *cor de açafrão, cor de café com leite, cor de vinho*;

c) Pronominais: *cada um, ele próprio, nós mesmos, quem quer que seja;*
d) Adverbiais: *à parte* (note-se o substantivo *aparte*), *à vontade, de mais* (locução que se contrapõe a *de menos;* note-se *demais*, advérbio, conjunção etc.), *depois de amanhã, em cima, por isso;*
e) Prepositivas: *abaixo de, acerca de, acima de, a fim de, a par de, à parte de, apesar de, aquando de, debaixo de, enquanto a, por baixo de, por cima de, quanto a;*
f) Conjuncionais: *a fim de que, ao passo que, contanto que, logo que, por conseguinte, visto que.*

7º) Emprega-se o hífen para ligar duas ou mais palavras que ocasionalmente se combinam, formando, não propriamente vocábulos, mas encadeamentos vocabulares (tipo: a divisa *Liberdade-Igualdade-Fraternidade*, a ponte *Rio-Niterói*, o percurso *Lisboa-Coimbra-Porto*, a ligação *Angola-Moçambique*), e bem assim nas combinações históricas ou ocasionais de topónimos/topônimos (tipo: *Áustria-Hungria, Alsácia-Lorena, Angola-Brasil, Tóquio-Rio de Janeiro* etc.).

Base XVI
Do hífen nas formações por prefixação, recomposição e sufixação

1º) Nas formações com prefixos (como, por exemplo: *ante-, anti-, circum-, co-, contra-, entre-, extra-, hiper-, infra-, intra-, pós-, pré-, pró-, sobre-, sub-, super-, supra-, ultra-* etc.) e em formações por recomposição, isto é, com elementos não autónomos ou falsos prefixos, de origem grega e latina (tais como: *aero-, agro-, arqui-, auto-, bio-, eletro-, geo-, hidro-, inter-, macro-, maxi-, micro-, mini-, multi-, neo-, pan-, pluri-, proto-, pseudo-, retro-, semi-, tele-* etc.), só se emprega o hífen nos seguintes casos:

a) Nas formações em que o segundo elemento começa por *h*: *anti-higiénico/anti-higiênico, circum-hospitalar, co-herdeiro, contra-harmónico/contra-harmônico, extra-humano, pré-história, sub-hepático, super-homem, ultra-hiperbólico; arqui-hipérbole, eletro-higrómetro, geo-história, neo-helénico/neo-helênico, pan-helenismo, semi-hospitalar.*

Obs.: Não se usa, no entanto, o hífen em formações que contêm em geral os prefixos *des-* e *in-* e nas quais o segundo elemento perdeu o *h* inicial: *desumano, desumidificar, inábil, inumano* etc.

b) Nas formações em que o prefixo ou pseudoprefixo termina na mesma vogal com que se inicia o segundo elemento: *anti-ibérico, contra-almirante, infra-axilar, supra-auricular, arqui-irmandade, auto-observação, eletro-ótica, micro-onda, semi-interno.*

Obs.: Nas formações com o prefixo *co-*, este aglutina-se em geral com o segundo elemento mesmo quando iniciado por *o*: *coobrigação, coocupante, coordenar, cooperação, cooperar* etc.

c) Nas formações com os prefixos *circum-* e *pan-*, quando o segundo elemento começa por vogal, *m* ou *n* (além de *h*, caso já considerado atrás na alínea a): *circum-escolar, circum-murado, circum-navegação; pan-africano, pan-mágico, pan-negritude.*

d) Nas formações com os prefixos *hiper-, inter-* e *super-*, quando combinados com elementos iniciados por *r*: *hiper-requintado, inter-resistente, super-revista.*

e) Nas formações com os prefixos *ex-* (com o sentido de estado anterior ou cessamento), *sota-, soto-, vice-* e *vizo-*: *ex-almirante, ex-diretor, ex-hospedeira, ex-presidente, ex-primeiro-ministro, ex-rei; sota-piloto, soto-mestre, vice-presidente, vice-reitor, vizo-rei.*

f) Nas formações com os prefixos tónicos/tônicos acentuados graficamente *pós-, pré-* e *pró-* quando o segundo elemento tem vida à parte (ao contrário do que acontece com as correspondentes formas átonas que se aglutinam com o elemento seguinte): *pós-graduação, pós-tónico/pós-tônico* (mas *pospor*); *pré-escolar, pré-natal* (mas *prever*); *pró-africano, pró-europeu* (mas *promover*).

2º) Não se emprega, pois, o hífen:

a) Nas formações em que o prefixo ou falso prefixo termina em vogal e o segundo elemento começa por *r* ou *s*, devendo estas consoantes duplicar-se, prática aliás já generalizada em palavras deste tipo pertencentes aos domínios científico e técnico. Assim: *antirreligioso,* *antissemita, contrarregra, contrassenha, cosseno, extrarregular, infrassom, minissaia,* tal como *biorritmo, biossatélite, eletrossiderurgia, microssistema, microrradiografia.*

b) Nas formações em que o prefixo ou pseudoprefixo termina em vogal e o segundo elemento começa por vogal diferente, prática esta em geral já adotada também para os termos técnicos e científicos. Assim: *antiaéreo, coeducação, extraescolar, aeroespacial, autoestrada, autoaprendizagem, agroindustrial, hidroelétrico, plurianual.*

3º) Nas formações por sufixação apenas se emprega o hífen nos vocábulos terminados por sufixos de origem tupi-guarani que representam formas adjetivas, como *açu, guaçu* e *mirim,* quando o primeiro elemento acaba em vogal acentuada graficamente ou quando a pronúncia exige a distinção gráfica dos dois elementos: *amoré-guaçu, anajá-mirim, andá-açu, capim-açu, Ceará-Mirim.*

Base XVII
Do hífen na ênclise, na tmese e com o verbo *haver*

1º) Emprega-se o hífen na ênclise e na tmese: *amá-lo, dá-se, deixa-o, partir-lhe; amá-lo-ei, enviar-lhe-emos.*

2º) Não se emprega o hífen nas ligações da preposição *de* às formas monossilábicas do presente do indicativo do verbo haver: *hei de, hás de, hão de* etc.

Obs.: 1. Embora estejam consagradas pelo uso as formas verbais *quer* e *requer,* dos verbos *querer* e *requerer,* em vez de *quere* e *requere,* estas últimas formas conservam-se, no entanto, nos casos de ênclise: *quere-o(s), requere-o(s).* Nestes contextos, as formas (legítimas, aliás) *qué-lo* e *requé-lo* são pouco usadas.

2. Usa-se também o hífen nas ligações de formas pronominais enclíticas ao advérbio *eis* (*eis-me, ei-lo*) e ainda nas combinações de formas pronominais do tipo *no-lo, vo-las,* quando em próclise (por ex.: *esperamos que no-lo comprem*).

Base XVIII
Do apóstrofo

1º) São os seguintes os casos de emprego do apóstrofo:

a) Faz-se uso do apóstrofo para cindir graficamente uma contração ou aglutinação vocabular, quando um elemento ou fração respectiva pertence propriamente a um conjunto vocabular distinto: *d'* Os Lusíadas, *d'* Os Sertões; *n'* Os Lusíadas, *n'* Os Sertões; *pel'* Os Lusíadas, *pel'* Os Sertões. Nada obsta, contudo, a que estas escritas sejam substituídas por empregos de preposições íntegras, se o exigir razão especial de clareza, expressividade ou ênfase: *de* Os Lusíadas, *em* Os Lusíadas, *por* Os Lusíadas etc.

As cisões indicadas são análogas às dissoluções gráficas que se fazem, embora sem emprego do apóstrofo, em combinações da preposição *a* com palavras pertencentes a conjuntos vocabulares imediatos: *a* A Relíquia, *a* Os Lusíadas (exemplos: *importância atribuída a* A Relíquia; *recorro a* Os Lusíadas). Em tais casos, como é óbvio, entende-se que a dissolução gráfica nunca impede na leitura a combinação fonética: *a* A = à, *a* Os = aos etc.

b) Pode cindir-se por meio do apóstrofo uma contração ou aglutinação vocabular, quando um elemento ou fração respectiva é forma pronominal e se lhe quer dar realce com o uso de maiúscula: *d'Ele, n'Ele, d'Aquele, n'Aquele, d'O, n'O, pel'O, m'O, t'O, lh'O*, casos em que a segunda parte, forma masculina, é aplicável a Deus, a Jesus etc.; *d'Ela, n'Ela, d'Aquela, d'A, n'A, pel'A, m'A, t'A, lh'A*, casos em que a segunda parte, forma feminina, é aplicável à mãe de Jesus, à Providência etc. Exemplos frásicos: *confiamos n'O que nos salvou; esse milagre revelou-m'O; está n'Ela a nossa esperança; pugnemos pel'A que é nossa padroeira.*

À semelhança das cisões indicadas, pode dissolver-se graficamente, posto que sem uso do apóstrofo, uma combinação da preposição *a* com uma forma pronominal realçada pela maiúscula: *a O, a Aquele, a Aquela* (entendendo-se que a dissolução gráfica nunca impede na leitura a combinação fonética: *a O = ao, a Aquela = àquela* etc.). Exemplos frásicos: *a O que tudo pode; a Aquela que nos protege.*

    c) Emprega-se o apóstrofo nas ligações das formas *santo* e *santa* a nomes do hagiológio, quando importa representar a elisão das vogais finais *o* e *a*: *Sant'Ana, Sant'Iago* etc. É, pois, correto escrever: *Calçada de Sant'Ana, Rua de Sant'Ana; culto de Sant'Iago, Ordem de Sant'Iago*. Mas, se as ligações deste gênero, como é o caso destas mesmas Sant'Ana e Sant'Iago, se tornam perfeitas unidades mórficas, aglutinam-se os dois elementos: *Fulano de Santana, ilhéu de Santana, Santana de Parnaíba; Fulano de Santiago, ilha de Santiago, Santiago do Cacém.*

Base XIX

Em paralelo com a grafia *Sant'Ana* e congêneres, emprega-se também o apóstrofo nas ligações de duas formas antroponímicas, quando é necessário indicar que na primeira se elide um *o* final: *Nun'Álvares, Pedr'Eanes.*

Note-se que nos casos referidos as escritas com apóstrofo, indicativas de elisão, não impedem, de modo algum, as escritas sem apóstrofo: *Santa Ana, Nuno Álvares, Pedro Álvares* etc.

    d) Emprega-se o apóstrofo para assinalar, no interior de certos compostos, a elisão do *e* da preposição *de*, em combinação com substantivos: *borda-d'água, cobra-d'água, copo-d'água, estrela-d'alva, galinha-d'água, mãe-d'água, pau-d'água, pau-d'alho, pau-d'arco, pau-d'óleo.*

2º) São os seguintes os casos em que não se usa o apóstrofo:

Não é admissível o uso do apóstrofo nas combinações das preposições *de* e *em* com as formas do artigo definido, com formas pronominais diversas e com formas adverbiais (excetuado o que se estabelece nas alíneas 1º) a) e 1º) b)). Tais combinações são representadas:

    a) Por uma só forma vocabular, se constituem, de modo fixo, uniões perfeitas:

i) *do, da, dos, das; dele, dela, deles, delas; deste, desta, destes, destas, disto; desse, dessa, desses, dessas, disso; daquele, daquela, daqueles, daquelas, daquilo; destoutro, destoutra, destoutros, destoutras; dessoutro, dessoutra, dessoutros, dessoutras; daqueloutro, daqueloutra, daqueloutros, daqueloutras; daqui; daí; dali; dacolá; donde; dantes (= antigamente);*

ii) *no, na, nos, nas; nele, nela, neles, nelas; neste, nesta, nestes, nestas, nisto; nesse, nessa, nesses, nessas, nisso; naquele, naquela, naqueles, naquelas, naquilo; nestoutro, nestoutra, nestoutros, nestoutras; nessoutro, nessoutra, nessoutros, nessoutras; naqueloutro, naqueloutra, naqueloutros, naqueloutras; num, numa, nuns, numas; noutro, noutra, noutros, noutras, noutrem; nalgum, nalguma, nalguns, nalgumas, nalguém.*

b) Por uma ou duas formas vocabulares, se não constituem, de modo fixo, uniões perfeitas (apesar de serem correntes com esta feição em algumas pronúncias): *de um, de uma, de uns, de umas,* ou *dum, duma, duns, dumas; de algum, de alguma, de alguns, de algumas, de alguém, de algo, de algures, de alhures,* ou *dalgum, dalguma, dalguns, dalgumas, dalguém, dalgo, dalgures, dalhures; de outro, de outra, de outros, de outras, de outrem, de outrora,* ou *doutro, doutra, doutros, doutras, doutrem, doutrora; de aquém* ou *daquém; de além* ou *dalém; de entre* ou *dentre.*

De acordo com os exemplos deste último tipo, tanto se admite o uso da locução adverbial *de ora avante* como do advérbio que representa a contração dos seus três elementos: *doravante.*

Obs.: Quando a preposição *de* se combina com as formas articulares ou pronominais *o, a, os, as,* ou com quaisquer pronomes ou advérbios começados por vogal, mas acontece estarem essas palavras integradas em construções de infinitivo, não se emprega o apóstrofo, nem se funde a preposição com a forma imediata, escrevendo-se estas duas separadamente: *a fim de ele compreender; apesar de o não ter visto; em virtude de os nossos pais serem bondosos; o fato de o conhecer; por causa de aqui estares.*

Base XIX
Das minúsculas e maiúsculas

1º) A letra minúscula inicial é usada:

a) Ordinariamente, em todos os vocábulos da língua nos usos correntes.

b) Nos nomes dos dias, meses, estações do ano: *segunda-feira; outubro; primavera*.

c) Nos bibliónimos/bibliônimos (após o primeiro elemento, que é com maiúscula, os demais vocábulos, podem ser escritos com minúscula, salvo nos nomes próprios nele contidos, tudo em grifo): *O Senhor do Paço de Ninães, O senhor do paço de Ninães, Menino de Engenho* ou *Menino de engenho, Árvore e Tambor* ou *Árvore e tambor*.

d) Nos usos de *fulano, sicrano, beltrano*.

e) Nos pontos cardeais (mas não nas suas abreviaturas); *norte, sul* (mas: *SW sudoeste*).

f) Nos axiónimos/axiônimos e hagiónimos/hagiônimos (opcionalmente, neste caso, também com maiúscula): *senhor doutor Joaquim da Silva, bacharel Mário Abrantes, o cardeal Bembo; santa Filomena* (ou *Santa Filomena*).

g) Nos nomes que designam domínios do saber, cursos e disciplinas (opcionalmente, também com maiúscula): *português* (ou *Português*), *matemática* (ou *Matemática*); *línguas e literaturas modernas* (ou *Línguas e Literaturas Modernas*).

2º) A letra maiúscula inicial é usada:

a) Nos antropónimos/antropônimos, reais ou fictícios: *Pedro Marques; Branca de Neve, D. Quixote*.

b) Nos topónimos/topônimos, reais ou fictícios: *Lisboa, Luanda, Maputo, Rio de Janeiro; Atlântida, Hespéria*.

c) Nos nomes de seres antropomorfizados ou mitológicos: *Adamastor; Neptuno/Netuno*.

d) Nos nomes que designam instituições: *Instituto de Pensões e Aposentadorias da Previdência Social.*

e) Nos nomes de festas e festividades: *Natal, Páscoa, Ramadão, Todos os Santos.*

f) Nos títulos de periódicos, que retêm o itálico: *O Primeiro de Janeiro, O Estado de São Paulo* (ou *S..Paulo*).

g) Nos pontos cardeais ou equivalentes, quando empregados absolutamente: *Nordeste*, por nordeste do Brasil, *Norte*, por norte de Portugal, *Meio-Dia*, pelo sul da França ou de outros países, *Ocidente*, por ocidente europeu, *Oriente*, por oriente asiático.

h) Em siglas, símbolos ou abreviaturas internacionais ou nacionalmente reguladas com maiúsculas, iniciais ou mediais ou finais ou o todo em maiúsculas: *FAO, NATO, ONU; H_2O; Sr., V.Exª*.

i) Opcionalmente, em palavras usadas reverencialmente, aulicamente ou hierarquicamente, em início de versos, em categorizações de logradouros públicos: (*rua* ou *Rua da Liberdade, largo* ou *Largo dos Leões*), de templos (*igreja* ou *Igreja do Bonfim*, *templo* ou *Templo do Apostolado Positivista*), de edifícios (*palácio* ou *Palácio da Cultura, edifício* ou *Edifício Azevedo Cunha*).

Obs.: As disposições sobre os usos das minúsculas e maiúsculas não obstam a que obras especializadas observem regras próprias, provindas de códigos ou normalizações específicas (terminologias antropológica, geológica, bibliológica, botânica, zoológica etc.), promanadas de entidades científicas ou normalizadoras, reconhecidas internacionalmente.

Base XX
Da divisão silábica

A divisão silábica, que em regra se faz pela soletração (*a-ba-de, bru-ma, ca-cho, lha-no, ma-lha, ma-nha, má-xi-mo, ó-xi-do, ro-xo, tme-se*), e na qual, por isso, se não tem de atender aos elementos constitutivos dos vocábulos segundo a etimologia (*a-ba-li-e-nar, bi-sa-vô, de-sa-pa-re-cer, di-sú-ri-co, e-xâ-ni-me, hi-*

pe-ra-cús-ti-co, i-ná-bil, o-bo-val, su-bo-cu-lar, su-pe-rá-ci-do), obedece a vários preceitos particulares, que rigorosamente cumpre seguir, quando se tem de fazer em fim de linha, mediante o emprego do hífen, a partição de uma palavra:

1º) São indivisíveis no interior da palavra, tal como inicialmente, e formam, portanto, sílaba para a frente as sucessões de duas consoantes que constituem perfeitos grupos, ou sejam (com exceção apenas de vários compostos cujos prefixos terminam em *b*, ou *d*: *ab- legação, ad- ligar, sub- lunar* etc., em vez de *a- blegação, a- dligar, su- blunar* etc.) aquelas sucessões em que a primeira consoante é uma labial, uma velar, uma dental ou uma labiodental e a segunda um *l* ou um *r*: *a- blução, cele- brar, du- plicação, re- primir, a- clamar, de- creto, de- glutição, re- grado; a- tlético, cáte- dra, períme- tro; a- fluir, a- fricano, ne- vrose.*

2º) São divisíveis no interior da palavra as sucessões de duas consoantes que não constituem propriamente grupos e igualmente as sucessões de *m* ou *n*, com valor de nasalidade, e uma consoante: *ab- dicar, Ed- gardo, op- tar, sub- por, ab- soluto, ad- jetivo, af- ta, bet- samita, íp- silon, ob- viar, des- cer, dis- ciplina, flores- cer, nas- cer, res- cisão; ac- ne, ad- mirável, Daf- ne, diafragma, drac- ma, ét- nico, rit- mo, sub- meter, am- nésico, interam- nense; birreme, cor- roer, pror- rogar, as- segurar, bis- secular, sos- segar, bissex- to, contex- to, ex- citar, atroz- mente, capaz- mente, infeliz- mente; am- bição, desen- ganar, en- xame, man- chu, Mân- lio* etc.

3º) As sucessões de mais de duas consoantes ou de *m* ou *n*, com o valor de nasalidade, e duas ou mais consoantes são divisíveis por um de dois meios: se nelas entra um dos grupos que são indivisíveis (de acordo com o preceito 1º), esse grupo forma sílaba para diante, ficando a consoante ou consoantes que o precedem ligadas à sílaba anterior; se nelas não entra nenhum desses grupos, a divisão dá-se sempre antes da última consoante. Exemplos dos dois casos: *cam- braia, ec- tlipse, em- blema, ex- plicar, in- cluir, ins- crição, subs- crever, trans- gredir, abs- tenção, disp- neia, inters- telar, lamb- dacismo, sols- ticial, Terp- sícore, tungs- tênio.*

4º) As vogais consecutivas que não pertencem a ditongos decrescentes (as que pertencem a ditongos deste tipo nunca se separam: *ai- roso, cadei- ra, insti- tui, ora- ção, sacris- tães, traves- sões*) podem, se a primeira delas não é *u* precedido de *g* ou *q*, e mesmo que sejam iguais, separar-se na escrita: *ala- úde, áre- as, ca- apeba, co- ordenar, do- er, flu- idez, perdo- as, vo- os*. O mesmo se aplica aos casos de contiguidade de ditongos, iguais ou diferentes, ou de ditongos e vogais: *cai- ais, cai- eis, ensai- os, flu- iu*.

5º) Os digramas *gu* e *qu*, em que o *u* se não pronuncia, nunca se separam da vogal ou ditongo imediato (*ne- gue, ne- guei; pe- que, pe- quei*), do mesmo modo que as combinações *gu* e *qu* em que o *u* se pronuncia: *á- gua, ambí- guo, averi- gueis, longín- quos, lo- quaz, quais- quer*.

6º) Na translineação de uma palavra composta ou de uma combinação de palavras em que há um hífen, ou mais, se a partição coincide com o final de um dos elementos ou membros, deve, por clareza gráfica, repetir-se o hífen no início da linha imediata: *ex- -alferes, serená- -los-emos* ou *serená-los- -emos, vice- -almirante*.

Base XXI
Das assinaturas e firmas

Para ressalva de direitos, cada qual poderá manter a escrita que, por costume ou registro legal, adote na assinatura do seu nome.

Com o mesmo fim, pode manter-se a grafia original de quaisquer firmas comerciais, nomes de sociedades, marcas e títulos que estejam inscritos em registro público.

Nota explicativa do acordo ortográfico da língua portuguesa – 1990

1. Memória breve dos acordos ortográficos

A existência de duas ortografias oficiais da língua portuguesa, a lusitana e a brasileira, tem sido considerada como largamente prejudicial para a unidade intercontinental do português e para o seu prestígio no Mundo.

Tal situação remonta, como é sabido, a 1911, ano em que foi adotada em Portugal a primeira grande reforma ortográfica, mas que não foi extensiva ao Brasil.

Por iniciativa da Academia Brasileira de Letras, em consonância com a Academia das Ciências de Lisboa, com o objetivo de se minimizarem os inconvenientes desta situação, foi aprovado em 1931 o primeiro acordo ortográfico entre Portugal e o Brasil. Todavia, por razões que não importa agora mencionar, este acordo não produziu, afinal, a tão desejada unificação dos dois sistemas ortográficos, fato que levou mais tarde à Convenção Ortográfica de 1943. Perante as divergências persistentes nos <u>Vocabulários</u> entretanto publicados pelas duas Academias, que punham em evidência os parcos resultados práticos do acordo de 1943, realizou-se, em 1945, em Lisboa, novo encontro entre representantes daquelas duas agremiações, o qual conduziu à chamada Convenção Ortográfica Luso-Brasileira de 1945. Mais uma vez, porém, este acordo não produziu os almejados efeitos, já que ele foi adotado em Portugal, mas não no Brasil.

Em 1971, no Brasil, e em 1973, em Portugal, foram promulgadas leis que reduziram substancialmente as divergências ortográficas entre os dois países. Apesar destas louváveis iniciativas, continuavam a persistir, porém, divergências sérias entre os dois sistemas ortográficos.

No sentido de as reduzir, a Academia das Ciências de Lisboa e a Academia Brasileira de Letras elaboraram em 1975 um novo projeto de acordo que não foi, no entanto, aprovado oficialmente por razões de ordem política, sobretudo vigentes em Portugal.

E é neste contexto que surge o encontro do Rio de Janeiro, em maio de 1986, e no qual se encontram, pela primeira vez na história da língua portuguesa, representantes não apenas de Portugal e do Brasil mas também dos cinco novos países africanos lusófonos entretanto emergidos da descolonização portuguesa.

O Acordo Ortográfico de 1986, conseguido na reunião do Rio de Janeiro, ficou, porém, inviabilizado pela reação polêmica contra ele movida sobretudo em Portugal.

2. Razões do fracasso dos acordos ortográficos

Perante o fracasso sucessivo dos acordos ortográficos entre Portugal e o Brasil, abrangendo o de 1986 também os países lusófonos de África, importa refletir seriamente sobre as razões de tal malogro.

Analisando sucintamente o conteúdo dos Acordos de 1945 e de 1986, a conclusão que se colhe é a de que eles visavam impor uma unificação ortográfica absoluta.

Em termos quantitativos e com base em estudos desenvolvidos pela Academia das Ciências de Lisboa, com base num *corpus* de cerca de 110.000 palavras, conclui-se que o Acordo de 1986 conseguia a unificação ortográfica em cerca de 99,5% do vocabulário geral da língua. Mas conseguia-a sobretudo à custa da simplificação drástica do sistema de acentuação gráfica, pela supressão dos acentos nas palavras proparoxítonas e paroxítonas, o que não foi bem aceito por uma parte substancial da opinião pública portuguesa.

Também o acordo de 1945 propunha uma unificação ortográfica absoluta que rondava os 100% do vocabulário geral da língua. Mas tal unificação assentava em dois princípios que se revelaram inaceitáveis para os brasileiros:

a) Conservação das chamadas consoantes mudas ou não articuladas, o que correspondia a uma verdadeira restauração destas consoantes no Brasil, uma vez que elas tinham há muito sido abolidas.

b) Resolução das divergências de acentuação das vogais tónicas *e* e *o*, seguidas das consoantes nasais *m* e *n*, das palavras proparoxítonas (ou esdrúxulas) no sentido da prática portuguesa, que consistia em as grafar com acento agudo e não circunflexo, conforme a prática brasileira.

Assim se procurava, pois, resolver a divergência de acentuação gráfica de palavras como *António* e *Antônio*, *cómodo* e *cômodo*, *género* e *gênero*, *oxigénio* e *oxigênio* etc., em favor da generalização da acentuação com o diacrítico agudo. Esta solução estipulava, contra toda a tradição ortográfica portuguesa, que o acento agudo, nestes casos, apenas assinalava a tonicidade da vogal e não o seu timbre, visando assim resolver as diferenças de pronúncia daquelas mesmas vogais.

A inviabilização prática de tais soluções leva-nos à conclusão de que não é possível unificar por via administrativa divergências que assentam em claras diferenças de pronúncia, um dos critérios, aliás, em que se baseia o sistema ortográfico da língua portuguesa.

Nestas condições, há que procurar uma versão de unificação ortográfica que acautele mais o futuro do que o passado e que não receie sacrificar a simplificação também pretendida em 1986, em favor da máxima unidade possível. Com a emergência de cinco novos países lusófonos, os fatores de desagregação da unidade essencial da língua portuguesa far-se-ão sentir com mais acuidade e também no domínio ortográfico. Neste sentido importa, pois, consagrar uma versão de unificação ortográfica que fixe e delimite as diferenças atualmente existentes e previna contra a desagregação ortográfica da língua portuguesa.

Foi, pois, tendo presentes estes objetivos, que se fixou o novo texto de unificação ortográfica, o qual representa uma versão menos forte do que as que foram conseguidas em 1945 e 1986. Mas ainda assim suficientemente forte para unificar ortograficamente cerca de 98% do vocabulário geral da língua.

3. Forma e substância do novo texto

O novo texto de unificação ortográfica agora proposto contém alterações de forma (ou estrutura) e de conteúdo, relativamente aos anteriores. Pode dizer-se, simplificando, que em termos de estrutura se aproxima mais do acordo de 1986, mas que em termos de conteúdo adota uma posição mais conforme com o projeto de 1975, atrás referido.

Em relação às alterações de conteúdo, elas afetam sobretudo o caso das consoantes mudas ou não articuladas, o sistema de acentuação gráfica, especialmente das esdrúxulas, e a hifenação.

Pode dizer-se ainda que, no que respeita às alterações de conteúdo, de entre os princípios em que assenta a ortografia portuguesa, se privilegiou o critério fonético (ou da pronúncia) com um certo detrimento para o critério etimológico.

É o critério da pronúncia que determina, aliás, a supressão gráfica das consoantes mudas ou não articuladas, que se têm conservado na ortografia lusitana essencialmente por razões de ordem etimológica.

É também o critério da pronúncia que nos leva a manter um certo número de grafias duplas do tipo de *caráter* e *carácter*, *facto* e *fato*, *sumptuoso* e *suntuoso* etc.

É ainda o critério da pronúncia que conduz à manutenção da dupla acentuação gráfica do tipo de *económico* e *econômico*, *efémero* e *efêmero*, *género* e *gênero*, *génio* e *gênio*, ou de *bónus* e *bônus*, *sémen* e *sêmen*, *ténis* e *tênis*, ou ainda de *bebé* e *bebê*, ou *metro* e *metrô* etc.

Explicitam-se em seguida as principais alterações introduzidas no novo texto de unificação ortográfica, assim como a respectiva justificação.

4. Conservação ou supressão das consoantes c, p, b, g, m e t em certas sequências consonânticas (Base IV)

4.1. Estado da questão

Como é sabido, uma das principais dificuldades na unificação da ortografia da língua portuguesa reside na solução a adotar para a grafia das consoantes *c* e *p*, em certas sequências consonânticas interiores, já que existem fortes divergências na sua articulação.

Assim, umas vezes, estas consoantes são invariavelmente proferidas em todo o espaço geográfico da língua portuguesa, conforme sucede em casos como *compacto, ficção, pacto; adepto, aptidão, núpcias*; etc.

Neste caso, não existe qualquer problema ortográfico, já que tais consoantes não podem deixar de grafar-se (v. Base IV, 1º a).

Noutros casos, porém, dá-se a situação inversa da anterior, ou seja, tais consoantes não são proferidas em nenhuma pronúncia culta da língua, como acontece em *acção, afectivo, direcção; adopção, exacto, óptimo*; etc. Neste caso existe um problema. É que na norma gráfica brasileira há muito estas consoantes foram abolidas, ao contrário do que sucede na norma gráfica lusitana, em que tais consoantes se conservam. A solução que agora se adota (v. Base IV, 1º b) é a de as suprimir, por uma questão de coerência e de uniformização de critérios (vejam-se as razões de tal supressão adiante, em 4.2.).

As palavras afetadas por tal supressão representam 0,54% do vocabulário geral da língua, o que é pouco significativo em termos quantitativos (pouco mais de 600 palavras em cerca de 110.000). Este número é, no entanto, qualitativamente importante, já que compreende vocábulos de uso muito frequente (como, por ex., *acção, actor, actual, colecção, colectivo, correcção, direcção, director, electricidade, factor, factura, inspector, lectivo, óptimo* etc.).

O terceiro caso que se verifica relativamente às consoantes *c* e *p* diz respeito à oscilação de pronúncia, a qual ocorre umas vezes no interior da mesma norma culta (cf. por ex., *cacto* ou *cato, dicção* ou *dição, sector* ou *setor* etc.), outras vezes entre normas cultas distintas (cf., por ex., *facto, receção* em Portugal, mas *fato, recepção* no Brasil).

A solução que se propõe para estes casos, no novo texto ortográfico, consagra a dupla grafia (v. Base IV, 1º c).

A estes casos de grafia dupla devem acrescentar-se as poucas variantes do tipo de *súbdito* e *súdito, subtil* e *sutil, amígdala* e *amídala, amnistia* e *anistia, aritmética* e *arimética*, nas quais a oscilação da pronúncia se verifica quanto às consoantes *b, g, m* e *t* (v. Base IV, 2º).

O número de palavras abrangidas pela dupla grafia é de cerca de 0,5% do vocabulário geral da língua, o que é pouco significativo (ou seja, pouco mais de 575 palavras em cerca de 110.000), embora nele se incluam também alguns vocábulos de uso muito frequente.

4.2. Justificação da supressão de consoantes não articuladas (Base IV, 1º b)

As razões que levaram à supressão das consoantes mudas ou não articuladas em palavras como *ação* (*acção*), *ativo* (*activo*), *diretor* (*director*), *ótimo* (*óptimo*) foram essencialmente as seguintes:

a) O argumento de que a manutenção de tais consoantes se justifica por motivos de ordem etimológica, permitindo assinalar melhor a similaridade com as palavras congêneres das outras línguas românicas, não tem consistência. Por outro lado, várias consoantes etimológicas se foram perdendo na evolução das palavras ao longo da história da língua portuguesa. Vários são, por outro lado, os exemplos de palavras deste tipo, pertencentes a diferentes línguas românicas, que, embora provenientes do mesmo étimo latino, revelam incongruências quanto à conservação ou não das referidas consoantes.

É o caso, por exemplo, da palavra *objecto*, proveniente do latim *objectu-*, que até agora conservava o *c*, ao contrário do que sucede em francês (cf. *objet*), ou em espanhol (cf. *objeto*). Do mesmo modo *projecto* (de *projectu-*) mantinha até agora a grafia com *c*, tal como acontece em espanhol (cf. *proyecto*), mas não em francês (cf. *projet*). Nestes casos o italiano dobra a consoante, por assimilação (cf. *oggetto* e *progetto*). A palavra *vitória* há muito se grafa sem *c*, apesar do espanhol *victoria*, do francês *victoire* ou do italiano *vittoria*. Muitos outros exemplos se poderiam citar. Aliás, não tem qualquer consistência a ideia de que a similaridade do português com as outras línguas românicas passa pela manutenção de consoantes etimológicas do tipo mencionado. Confrontem-se, por exemplo, formas como as seguintes: port. *acidente* (do lat. *accidente-*), esp. *accidente*, fr. *accident*, it. *accidente*; port. *dicionário* (do lat. *dictionariu-*), esp. *diccionario*, fr. *dictionnaire*, it. *dizionario*; port. *ditar* (do lat. *dictare*), esp. *dictar*, fr. *dicter*, it. *dettare*; port. *estrutura* (de *structura-*), esp. *estructura*, fr. *structure*, it. *struttura*; etc.

Em conclusão, as divergências entre as línguas românicas, neste domínio, são evidentes, o que não impede, aliás, o imediato reconhecimento da similaridade entre tais formas. Tais divergências levantam dificuldades à memorização da norma gráfica, na aprendizagem destas línguas, mas não é com certeza a manutenção de consoantes não articuladas em português que vai facilitar aquela tarefa.

b) A justificação de que as ditas consoantes mudas travam o fechamento da vogal precedente também é de fraco valor, já que, por um lado, se mantêm na língua palavras com vogal pré-tónica aberta, sem a presença de qualquer sinal diacrítico, como em *corar, padeiro, oblação, pregar* (= fazer uma prédica) etc., e, por outro, a conservação de tais consoantes não impede a tendência para o ensurdecimento da vogal anterior em casos como *accionar, actual, actualidade, exactidão, tactear* etc.

c) É indiscutível que a supressão deste tipo de consoantes vem facilitar a aprendizagem da grafia das palavras em que elas ocorriam.

De fato, como é que uma criança de 6-7 anos pode compreender que em palavras como *concepção, excepção, recepção*, a consoante não articulada é um *p*, ao passo que em vocábulos como *correcção, direcção, objecção*, tal consoante é um *c*?

Só à custa de um enorme esforço de memorização que poderá ser vantajosamente canalizado para outras áreas da aprendizagem da língua.

d) A divergência de grafias existente neste domínio entre a norma lusitana, que teimosamente conserva consoantes que não se articulam em todo o domínio geográfico da língua portuguesa, e a norma brasileira, que há muito suprimiu tais consoantes, é incompreensível para os lusitanistas estrangeiros, nomeadamente para professores e estudantes de português, já que lhes cria dificuldades suplementares, nomeadamente na consulta dos dicionários, uma vez que as palavras em causa vêm em lugares diferentes da ordem alfabética, conforme apresentam ou não a consoante muda.

e) Uma outra razão, esta de natureza psicológica, embora nem por isso menos importante, consiste na convicção de que não haverá unificação ortográfica da língua portuguesa se tal disparidade não for resolvida.

f) Tal disparidade ortográfica só se pode resolver suprimindo da escrita as consoantes não articuladas, por uma questão de coerência, já que a pronúncia as ignora, e não tentando impor a sua grafia àqueles que há muito as não escrevem, justamente por elas não se pronunciarem.

4.3. Incongruências aparentes

A aplicação do princípio, baseado no critério da pronúncia, de que as consoantes *c* e *p* em certas sequências consonânticas se suprimem, quando não articuladas, conduz a algumas incongruências aparentes, conforme sucede em palavras como *apocalítico* ou *Egito* (sem *p*, já que este não se pronuncia), a par de *apocalipse* ou *egípcio* (visto que aqui o *p* se articula), *noturno* (sem *c*, por este ser mudo), ao lado de *noctívago* (com *c* por este se pronunciar) etc.

Tal incongruência é apenas aparente. De fato, baseando-se a conservação ou supressão daquelas consoantes no critério da pronúncia, o que não faria sentido era mantê-las, em certos casos, por razões de parentesco lexical. Se se abrisse tal exceção, o utente, ao ter que escrever determinada palavra, teria que recordar previamente, para não cometer erros, se não haveria outros vocábulos da mesma família que se escrevessem com este tipo de consoante.

Aliás, divergências ortográficas do mesmo tipo das que agora se propõem foram já aceites nas Bases de 1945 (v. Base VI, último parágrafo), que consagraram grafias como *assunção* ao lado de *assumptivo*, *cativo*, a par de *captor* e *captura*, *dicionário*, mas *dicção* etc. A razão então aduzida foi a de que tais palavras entraram e se fixaram na língua em condições diferentes. A justificação da grafia com base na pronúncia é tão nobre como aquela razão.

4.4. Casos de dupla grafia (Base IV, 1º c, d e 2º)

Sendo a pronúncia um dos critérios em que assenta a ortografia da língua portuguesa, é inevitável que se aceitem grafias duplas naqueles casos em que existem divergências de articulação quanto às referidas consoantes *c* e *p* e ainda em outros casos de menor significado. Torna-se, porém, praticamente impossível enunciar uma regra clara e abrangente dos casos em que há oscilação entre o emudecimento e a prolação daquelas consoantes, já que todas as sequências consonânticas enunciadas, qualquer que seja a vogal precedente, admitem as duas alternativas: *cacto* e *cato*, *caracteres* e *carateres*, *dicção* e *dição*, *facto* e *fato*, *sector* e *setor*; *ceptro* e *cetro*; *concepção* e *conceção*, *recepção* e *receção*; *assumpção* e *assunção*, *peremptório* e *perentório*, *sumptuoso* e *suntuoso*; etc.

De um modo geral pode dizer-se que, nestes casos, o emudecimento da consoante (exceto em *dicção*, *facto*, *sumptuoso* e poucos mais) se verifica, sobretudo, em Portugal e nos países africanos, enquanto no Brasil há oscilação entre a prolação e o emudecimento da mesma consoante.

Também os outros casos de dupla grafia (já mencionados em 4.1), do tipo de *súbdito* e *súdito*, *subtil* e *sutil*, *amígdala* e *amídala*, *omnisciente* e *onisciente*, *aritmética* e *arimética*, muito menos relevantes em termos quantitativos do que os anteriores, se verificam sobretudo no Brasil.

Trata-se, afinal, de formas divergentes, isto é, do mesmo étimo. As palavras sem consoante, mais antigas e introduzidas na língua por via popular, foram já usadas em Portugal e encontram-se nomeadamente em escritores dos séculos XVI e XVII.

Os dicionários da língua portuguesa, que passarão a registrar as duas formas, em todos os casos de dupla grafia, esclarecerão, tanto quanto possível, sobre o alcance geográfico e social desta oscilação de pronúncia.

5. Sistema de acentuação gráfica (Bases VIII a XIII)

5.1. Análise geral da questão

O sistema de acentuação gráfica do português atualmente em vigor, extremamente complexo e minucioso, remonta essencialmente à Reforma Ortográfica de 1911.

Tal sistema não se limita, em geral, a assinalar apenas a tonicidade das vogais sobre as quais recaem os acentos gráficos, mas distingue também o timbre destas.

Tendo em conta as diferenças de pronúncia entre o português europeu e o do Brasil, era natural que surgissem divergências de acentuação gráfica entre as duas realizações da língua.

Tais divergências têm sido um obstáculo à unificação ortográfica do português.

É certo que em 1971, no Brasil, e em 1973, em Portugal, foram dados alguns passos significativos no sentido da unificação da acentuação gráfica, como se disse atrás. Mas, mesmo assim, subsistem divergências importantes neste domínio, sobretudo no que respeita à acentuação das paroxítonas.

Não tendo tido viabilidade prática a solução fixada na Convenção Ortográfica de 1945, conforme já foi referido, duas soluções eram possíveis para se procurar resolver esta questão.

Uma era conservar a dupla acentuação gráfica, o que constituía sempre um espinho contra a unificação da ortografia.

Outra era abolir os acentos gráficos, solução adotada em 1986, no Encontro do Rio de Janeiro.

Esta solução, já preconizada no I Simpósio Luso-Brasileiro sobre a Língua Portuguesa Contemporânea, realizado em 1967 em Coimbra, tinha sobretudo a justificá-la o fato de a língua oral preceder a língua escrita, o que leva muitos utentes a não empregarem na prática os acentos gráficos, visto que não os consideram indispensáveis à leitura e compreensão dos textos escritos.

A abolição dos acentos gráficos nas palavras proparoxítonas e paroxítonas, preconizada no Acordo de 1986, foi, porém, contestada por uma larga parte da opinião pública portuguesa, sobretudo por tal medida ir contra a tradição ortográfica e não tanto por estar contra a prática ortográfica.

A questão da acentuação gráfica tinha, pois, de ser repensada.

Neste sentido, desenvolveram-se alguns estudos e fizeram-se vários levantamentos estatísticos com o objetivo de se delimitarem melhor e quantificarem com precisão as divergências existentes nesta matéria.

5.2. Casos de dupla acentuação

5.2.1. Nas proparoxítonas (Base XI)

Verificou-se assim que as divergências, no que respeita às proparoxítonas, se circunscrevem praticamente, como já foi destacado atrás, ao caso das vogais tônicas *e* e *o*, seguidas das consoantes nasais *m* e *n*, com as quais aquelas não formam sílaba (v. Base XI, 3º).

Estas vogais soam abertas em Portugal e nos países africanos recebendo, por isso, acento agudo, mas são do timbre fechado em grande parte do Brasil, grafando-se por conseguinte com acento circunflexo: *académico/acadêmico, cómodo/cômodo, efémero/efêmero, fenómeno/fenômeno, génio/gênio, tónico/tônico* etc.

Existem uma ou outra exceção a esta regra, como, por exemplo, *cômoro* e *sêmola*, mas estes casos não são significativos.

Costuma, por vezes, referir-se que o *a* tônico das proparoxítonas, quando seguido de *m* ou *n* com que não forma sílaba, também está sujeito à referida divergência de acentuação gráfica. Mas tal não acontece, porém, já que o seu timbre soa praticamente sempre fechado nas pronúncias cultas da língua, recebendo, por isso, acento circunflexo: *âmago, ânimo, botânico, câmara, dinâmico, gerânio, pânico, pirâmide*.

As únicas exceções a este princípio são os nomes próprios de origem grega *Dánae/Dânae* e *Dánao/Dânao*.

Note-se que se as vogais *e* e *o*, assim como *a*, formam sílaba com as consoantes *m* ou *n*, o seu timbre é sempre fechado em qualquer pronúncia culta da língua, recebendo, por isso, acento circunflexo: *êmbolo, amêndoa, argênteo, excêntrico, têmpera; anacreôntico, cômputo, recôndito, cânfora, Grândola, Islândia, lâmpada, sonâmbulo* etc.

5.2.2. Nas paroxítonas (Base IX)

Também nos casos especiais de acentuação das paroxítonas ou graves (v. Base IX, 2º), algumas palavras que contêm as vogais tônicas *e* e *o* em final de sílaba, seguidas das consoantes nasais *m* e *n*, apresentam oscilação de timbre, nas pronúncias cultas da língua.

Tais palavras são assinaladas com acento agudo, se o timbre da vogal tônica é aberto, ou com acento circunflexo, se o timbre é fechado: *fémur* ou *fêmur*, *Fénix* ou *Fênix*, *ónix* ou *ônix*, *sémen* ou *sêmen*, *xénon* ou *xênon*; *bónus* ou *bônus*, *ónus* ou *ônus*, *pónei* ou *pônei*, *ténis* ou *tênis*, *Vénus* ou *Vênus*; etc. No total, estes são pouco mais de uma dúzia de casos.

5.2.3. Nas oxítonas (Base VIII)

Encontramos igualmente nas oxítonas (v. Base VIII, 1º a, *Obs.*) algumas divergências de timbre em palavras terminadas em *e* tônico, sobretudo provenientes do francês. Se esta vogal tônica soa aberta, recebe acento agudo; se soa fechada, grafa-se com acento circunflexo. Também aqui os exemplos pouco ultrapassam as duas dezenas: *bebé* ou *bebê*, *caraté* ou *caratê*, *croché* ou *crochê*, *guiché* ou *guichê*, *matiné* ou *matinê*, *puré* ou *purê* etc. Existe também um caso ou outro de oxítonas terminadas em *o* ora aberto, ora fechado, como sucede em *cocó* ou *cocô*, *ró* ou *rô*.

A par de casos como este há formas oxítonas terminadas em *o* fechado, às quais se opõem variantes paroxítonas, como acontece em *judô* e *judo*, *metrô* e *metro*, mas tais casos são muito raros.

5.2.4. Avaliação estatística dos casos de dupla acentuação gráfica

Tendo em conta o levantamento estatístico que se fez na Academia das Ciências de Lisboa, com base no já referido *corpus* de cerca de 110.000 palavras do vocabulário geral da língua, verificou-se que os citados casos de dupla acentuação gráfica abrangiam aproximadamente 1,27% (cerca de 1.400 palavras). Considerando que tais casos se encontram perfeitamente delimitados, como se referiu atrás, sendo assim possível enunciar a regra de aplicação, optou-se por fixar a dupla acentuação gráfica como a solução menos onerosa para a unificação ortográfica da língua portuguesa.

5.3. Razões da manutenção dos acentos gráficos nas proparoxítonas e paroxítonas

Resolvida a questão dos casos de dupla acentuação gráfica, como se disse atrás, já não tinha relevância o principal motivo que levou em 1986 a abolir os acentos nas palavras proparoxítonas e paroxítonas.

Em favor da manutenção dos acentos gráficos nestes casos, ponderaram-se, pois, essencialmente as seguintes razões:

a) Pouca representatividade (cerca de 1,27%) dos casos de dupla acentuação.

b) Eventual influência da língua escrita sobre a língua oral, com a possibilidade de, sem acentos gráficos, se intensificar a tendência para a paroxitonia, ou seja, deslocação do acento tônico da antepenúltima para a penúltima sílaba, lugar mais frequente de colocação do acento tônico em português.

c) Dificuldade em apreender corretamente a pronúncia em termos de âmbito técnico e científico, muitas vezes adquiridos através da língua escrita (leitura).

d) Dificuldades causadas, com a abolição dos acentos, à aprendizagem da língua, sobretudo quando esta se faz em condições precárias, como no caso dos países africanos, ou em situação de autoaprendizagem.

e) Alargamento, com a abolição dos acentos gráficos, dos casos de homografia, do tipo de *análise*(s.)/*analise*(v.), *fábrica*(s.)/*fabrica*(v.), *secretária*(s.)/*secretaria*(s. ou v.), *vária*(s.)/*varia*(v.) etc., casos que apesar de dirimíveis pelo contexto sintático, levantariam por vezes algumas dúvidas e constituiriam sempre problema para o tratamento informatizado do léxico.

f) Dificuldade em determinar as regras de colocação do acento tônico em função da estrutura mórfica da palavra. Assim, as proparoxítonas, segundo os resultados estatísticos obtidos da análise de um *corpus* de 25.000 palavras, constituem 12%. Destes 12%, cerca de 30% são falsas esdrúxulas (cf. *génio*, *água* etc.). Dos 70% restantes, que são as verdadeiras proparoxítonas (cf. *cômodo*, *gênero* etc.), aproximadamente 29% são palavras que terminam em *-ico, -ica* (cf. *ártico, econômico, módico, prático* etc.). Os restantes 41% de verdadeiras esdrúxulas distribuem-se por cerca de duzentas terminações diferentes, em geral de caráter erudito (cf. *Espírito; ínclito, púlpito; filólogo; filósofo; esófago; epíteto; pássaro; pêsames; facílimo; lindíssimo; parêntesis;* etc.).

5.4. Supressão de acentos gráficos em certas palavras oxítonas e paroxítonas (Bases VIII, IX e X)

5.4.1. Em casos de homografia (Bases VIII, 3º e IX, 9º e 10º)

O novo texto ortográfico estabelece que deixem de se acentuar graficamente palavras do tipo de *para* (á), flexão de *parar, pelo* (ê), substantivo, *pelo* (é), flexão de *pelar* etc., as quais são homógrafas, respectivamente, das proclíticas *para*, preposição, *pelo*, contração de *per* e *lo* etc.

As razões por que se suprime, nestes casos, o acento gráfico são as seguintes:

a) Em primeiro lugar, por coerência com a abolição do acento gráfico já consagrada pelo Acordo de 1945, em Portugal, e pela Lei nº 5.765, de 18/12/1971, no Brasil, em casos semelhantes, como, por exemplo: *acerto (ê)*, substantivo, e *acerto (é)*, flexão de *acertar; acordo (ô)*, substantivo, e *acordo (ó)*, flexão de *acordar; cor (ô)*, substantivo, e *cor (ó)*, elemento da locução de *cor; sede (ê)* e *sede (é)*, ambos substantivos; etc.

b) Em segundo lugar, porque, tratando-se de pares cujos elementos pertencem a classes gramaticais diferentes, o contexto sintático permite distinguir claramente tais homógrafas.

5.4.2. Em paroxítonas com os ditongos *ei* e *oi* na sílaba tônica (Base IX, 3º)

O novo texto ortográfico propõe que não se acentuem graficamente os ditongos *ei* e *oi* tônicos das palavras paroxítonas. Assim, palavras como *assembleia, boleia, ideia*, que na norma gráfica brasileira se escrevem com acento agudo, por o ditongo soar aberto, passarão a escrever-se sem acento, tal como *aldeia, baleia, cheia* etc.

Do mesmo modo, palavras como *comboio, dezoito, estroina* etc., em que o timbre do ditongo oscila entre a abertura e o fechamento, oscilação que se traduz na facultatividade do emprego do acento agudo no Brasil, passarão a grafar-se sem acento.

A generalização da supressão do acento nestes casos justifica-se não apenas por permitir eliminar uma diferença entre a prática ortográfica brasileira e a lusitana, mas ainda pelas seguintes razões:

a) Tal supressão é coerente com a já consagrada eliminação do acento em casos de homografia heterofônica (v. Base IX, 10º, e, neste texto atrás, 5.4.1.), como sucede, por exemplo, em *acerto*, substantivo, e *acerto*, flexão de *acertar*, *acordo*, substantivo, e *acordo*, flexão de *acordar*, *fora*, flexão de *ser* e *ir*, e *fora*, advérbio etc.

b) No sistema ortográfico português não se assinala, em geral, o timbre das vogais tônicas *a, e* e *o* das palavras paroxítonas, já que a língua portuguesa se caracteriza pela sua tendência para a paroxitonia. O sistema ortográfico não admite, pois, a distinção entre, por exemplo *cada (â)* e *fada (á), para (â)* e *tara (á); espelho (ê)* e *velho (é), janela (é)* e *janelo (ê), escrevera (ê),* flexão de *escrever,* e *primavera (é); moda (ó)* e *toda (ô), virtuosa (ó)* e *virtuoso (ô);* etc.

Então, se não se torna necessário, nestes casos, distinguir pelo acento gráfico o timbre da vogal tónica/tônica, por que se há de usar o diacrítico para assinalar a abertura dos ditongos *ei* e *oi* nas paroxítonas, tendo em conta que o seu timbre nem sempre é uniforme e a presença do acento constituiria um elemento perturbador da unificação ortográfica?

5.4.3. Em paroxítonos do tipo de *abençoo, enjoo, voo* etc. (Base IX, 8º)

Por razões semelhantes às anteriores, o novo texto ortográfico consagra também a abolição do acento circunflexo, vigente no Brasil, em palavras paroxítonas como *abençoo,* flexão de *abençoar, enjoo,* substantivo e flexão de *enjoar, moo,* flexão de *moer, povoo,* flexão de *povoar, voo,* substantivo e flexão de *voar* etc.

O uso do acento circunflexo não tem aqui qualquer razão de ser, já que ele ocorre em palavras paroxítonas cuja vogal tônica apresenta a mesma pronúncia em todo o domínio da língua portuguesa. Além de não ter, pois, qualquer vantagem nem justificação, constitui um fator que perturba a unificação do sistema ortográfico.

5.4.4. Em formas verbais com *u* e *ui* tônicos, precedidos de *g* e *q* (Base X, 7º)

Não há justificação para se acentuarem graficamente palavras como *apazigue*, *arguem* etc., já que estas formas verbais são paroxítonas e a vogal *u* é sempre articulada, qualquer que seja a flexão do verbo respectivo.

No caso de formas verbais como *argui*, *delinquis* etc., também não há justificação para o acento, pois se trata de oxítonas terminadas no ditongo tônico *ui*, que como tal nunca é acentuado graficamente.

Tais formas só serão acentuadas se a sequência *ui* não formar ditongo e a vogal tônica for *i*, como, por exemplo, *arguí* (1ª pessoa do singular do pretérito perfeito do indicativo).

6. Emprego do hífen (Bases XV a XVIII)

6.1. Estado da questão

No que respeita ao emprego do hífen, não há propriamente divergências assumidas entre a norma ortográfica lusitana e a brasileira. Ao consultarmos, porém, os dicionários portugueses e brasileiros e ao lermos, por exemplo, jornais e revistas, deparam-se-nos muitas oscilações e um largo número de formações vocabulares com grafia dupla, ou seja, com hífen e sem hífen, o que aumenta desmesurada e desnecessariamente as entradas lexicais dos dicionários. Estas oscilações verificam-se sobretudo nas formações por prefixação e na chamada recomposição, ou seja, em formações com pseudoprefixos de origem grega ou latina.

Eis alguns exemplos de tais oscilações: *ante-rosto* e *anterrosto*, *co-educação* e *coeducação*, *pré-frontal* e *prefrontal*, *sobre-saia* e *sobressaia*, *sobre-saltar* e *sobressaltar*, *aero-espacial* e *aeroespacial*, *auto-aprendizagem* e *autoaprendizagem*, *agro-industrial* e *agroindustrial*, *agro-pecuária* e *agro-*

pecuária, alvéolo-dental e *alveolodental, bolbo-raquidiano* e *bolborraquidiano, geo-história* e *geoistória, micro-onda* e *microonda*; etc.

Estas oscilações são, sem dúvida, devidas a uma certa ambiguidade e falta de sistematização das regras que sobre esta matéria foram consagradas no texto de 1945. Tornava-se, pois, necessário reformular tais regras de modo mais claro, sistemático e simples. Foi o que se tentou fazer em 1986.

A simplificação e redução operadas nessa altura, nem sempre bem compreendidas, provocaram igualmente polêmica na opinião pública portuguesa, não tanto por uma ou outra incongruência resultante da aplicação das novas regras, mas sobretudo por alterarem bastante a prática ortográfica neste domínio.

A posição que agora se adota, muito embora tenha tido em conta as críticas fundamentadas ao texto de 1986, resulta, sobretudo, do estudo do uso do hífen nos dicionários portugueses e brasileiros, assim como em jornais e revistas.

6.2. O hífen nos compostos (Base XV)

Sintetizando, pode dizer-se que, quanto ao emprego do hífen nos compostos, locuções e encadeamentos vocabulares, se mantém o que foi estatuído em 1945, apenas se reformulando as regras de modo mais claro, sucinto e simples.

De fato, neste domínio não se verificam praticamente divergências nem nos dicionários nem na imprensa escrita.

6.3. O hífen nas formas derivadas (Base XVI)

Quanto ao emprego do hífen nas formações por prefixação e também por recomposição, isto é, nas formações com pseudoprefixos de origem grega ou latina, apresenta-se alguma inovação. Assim, algumas regras são formuladas em termos contextuais, como sucede nos seguintes casos:

a) Emprega-se o hífen quando o segundo elemento da formação começa por *h* ou pela mesma vogal ou consoante com que termina o prefixo ou pseudoprefixo (por ex. *anti-higiênico, contra-almirante, hiper-resistente*).

b) Emprega-se o hífen quando o prefixo ou falso prefixo termina em *m* e o segundo elemento começa por vogal, *m* ou *n* (por ex. *circum-murado, pan-africano*).

As restantes regras são formuladas em termos de unidades lexicais, como acontece com oito delas (*ex-, sota-* e *soto-, vice-* e *vizo-; pós-, pré-* e *pró-*).

Noutros casos, porém, uniformiza-se o não emprego do hífen, do modo seguinte:

a) Nos casos em que o prefixo ou o pseudoprefixo termina em vogal e o segundo elemento começa por *r* ou *s*, estas consoantes dobram-se, como já acontece com os termos técnicos e científicos (por ex. *antirreligioso, microssistema*).

b) Nos casos em que o prefixo ou pseudoprefixo termina em vogal e o segundo elemento começa por vogal diferente daquela, as duas formas aglutinam-se, sem hífen, como já sucede igualmente no vocabulário científico e técnico (por ex. *antiaéreo, aeroespacial*).

6.4. O hífen na ênclise e tmese (Base XVII)

Quanto ao emprego do hífen na ênclise e na tmese mantêm-se as regras de 1945, exceto no caso das formas *hei de, hás de, há de* etc., em que passa a suprimir-se o hífen. Nestas formas verbais o uso do hífen não tem justificação, já que a preposição *de* funciona ali como mero elemento de ligação ao infinitivo com que se forma a perífrase verbal (cf. *hei de ler* etc.), na qual *de* é mais proclítica do que apoclítica.

7. Outras alterações de conteúdo

7.1. Inserção do alfabeto (Base I)

Uma inovação que o novo texto de unificação ortográfica apresenta, logo na Base I, é a inclusão do alfabeto, acompanhado das designações que usualmente são dadas às diferentes letras. No alfabeto português passam a incluir-se também as letras *k, w* e *y*, pelas seguintes razões:

a) Os dicionários da língua já registram estas letras, pois existe um razoável número de palavras do léxico português iniciado por elas.

b) Na aprendizagem do alfabeto é necessário fixar qual a ordem que aquelas letras ocupam.

c) Nos países africanos de língua oficial portuguesa existem muitas palavras que se escrevem com aquelas letras.

Apesar da inclusão no alfabeto das letras *k*, *w* e *y*, mantiveram-se, no entanto, as regras já fixadas anteriormente, quanto ao seu uso restritivo, pois existem outros grafemas com o mesmo valor fônico daquelas. Se, de fato, se abolisse o uso restritivo daquelas letras, introduzir-se-ia no sistema ortográfico do português mais um fator de perturbação, ou seja, a possibilidade de representar, indiscriminadamente, por aquelas letras fonemas que já são transcritos por outras.

7.2. Abolição do trema (Base XIV)

No Brasil, só com a Lei nº 5.765, de 18/12/1971, o emprego do trema foi largamente restringido, ficando apenas reservado às sequências *gu* e *qu* seguidas de *e* ou *i*, nas quais *u* se pronuncia (cf. *aguentar, arguente, eloquente, equestre* etc.).

O novo texto ortográfico propõe a supressão completa do trema, já acolhida, aliás, no Acordo de 1986, embora não figurasse explicitamente nas respectivas bases. A única ressalva, neste aspecto, diz respeito a palavras derivadas de nomes próprios estrangeiros com trema (cf. *mülleriano*, de *Müller* etc.).

Generalizar a supressão do trema é eliminar mais um fator que perturba a unificação da ortografia portuguesa.

8. Estrutura e ortografia do novo texto

Na organização do novo texto de unificação ortográfica optou-se por conservar o modelo de estrutura já adotado em 1986. Assim, houve a preocupação de reunir, numa mesma base, matéria afim, dispersa por diferentes bases de textos anteriores, donde resultou a redução destas a vinte e uma.

Através de um título sucinto, que antecede cada base, dá-se conta do conteúdo nela consagrado. Dentro de cada base adotou-se um sistema de numeração (tradicional) que permite uma melhor e mais clara arrumação da matéria aí contida.

BIBLIOGRAFIA

ACADEMIA BRASILEIRA DE LETRAS. *Dicionário escolar da língua portuguesa*. 1. ed. São Paulo: Companhia Editora Nacional, 2008.

ACADEMIA BRASILEIRA DE LETRAS. *Vocabulário ortográfico da língua portuguesa*. 5. ed. São Paulo: Global, 2009.

ACADEMIA BRASILEIRA DE LETRAS. *Vocabulário ortográfico da língua portuguesa*. 4. ed. Rio de Janeiro: A Academia, 2004.

ACADEMIA DAS CIÊNCIAS DE LISBOA. *Dicionário da língua portuguesa contemporânea*. Lisboa: Verbo, 2001. 2.v.

ALVES, Antônio de Castro. *Obra completa*. Org. Eugênio Gomes. Rio de Janeiro: J. Aguilar, 1960.

AZEREDO, José Carlos (coord.). *Escrevendo pela nova ortografia: como usar as regras do novo acordo ortográfico*. Instituto Antônio Houaiss. São Paulo: Publifolha, 2008.

BECHARA, Evanildo. *Moderna gramática portuguesa*. 37. ed. rev. e ampliada. Rio de Janeiro: Lucerna, 1999.

_____. *A nova ortografia*. Rio de Janeiro: Nova Fronteira, 2008. (Lucerna)

_____. *O que muda com o Novo Acordo Ortográfico*. Rio de Janeiro: Nova Fronteira, 2008. (Lucerna)

BRASIL. Imprensa Nacional. *Diário Oficial da União*. Ano CXLV, n. 189. Brasília-DF, 30 set. 2008.

CÂMARA JR., J. Mattoso. *Dicionário de filologia e gramática da língua portuguesa*. 2. ed. ref. Rio de Janeiro: J. Ozon, 1964.

CUNHA, Celso. *Gramática do português contemporâneo*. Belo Horizonte: Bernardo Álvares, 1970.

CUNHA, Celso & CINTRA, Luís F. Lindley. *A nova gramática do português contemporâneo*. 3. ed. Rio de Janeiro: Nova Fronteira, 2001.

HOLANDA, Aurélio Buarque de. *Novo Aurélio Século XXI: o dicionário da língua portuguesa*. 3. ed. rev. e ampl. 1999.

HOUAISS, Antônio & VILLAR, Mauro de Salles. *Dicionário Houaiss da língua portuguesa*. Rio de Janeiro: Objetiva, 2001.

HOUAISS, Antônio, *Dicionário Houaiss da língua portuguesa*. Rio de Janeiro: Objetiva, 2009.

KURY, Adriano da Gama. *Pequena gramática para a explicação da nova nomenclatura gramatical.* 12. ed. Rio de Janeiro: Agir, 1970.

_____. *Manual prático de ortografia.* Rio de Janeiro: Agir, 1968.

LUFT, Pedro Celso. *Grande manual de ortografia Globo.* Rio de Janeiro: Globo, 1985.

NOVO DICIONÁRIO DA LÍNGUA PORTUGUESA CONFORME O ACORDO ORTOGRÁFICO. São Paulo: Texto, 2008. Vários colaboradores.

PROENÇA FILHO, Domício. *Por dentro das palavras da nossa língua portugesa.* Rio de Janeiro: Record, 2003.

SOUSA, João da Cruz e. *Obra completa.* Org. Andrade Muricy. Rio de Janeiro: N. Aguilar, 1961.

Este livro foi composto na tipologia ITC Officina Sans,
em corpo 11,5/16, e impresso em papel off-white 80g/m²
pelo Sistema Cameron da Distribuidora Record
de Serviços de Imprensa S.A.